越学 越起劲

孩子自主 高效学习的秘诀

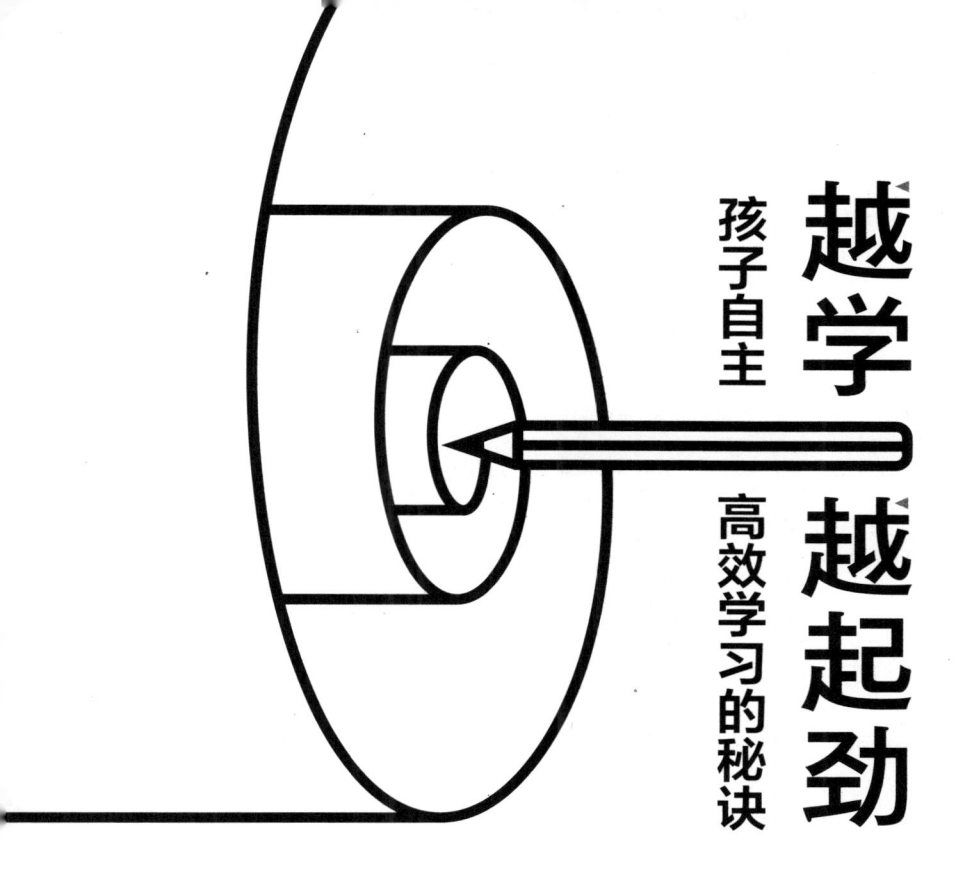

Caroline von St. Ange

［德］卡罗琳·冯·圣安格 著
李彦达 译

北京联合出版公司
Beijing United Publishing Co.,Ltd.

图书在版编目（CIP）数据

越学越起劲：孩子自主高效学习的秘诀 /（德）卡罗琳·冯·圣安格著；李彦达译. -- 北京：北京联合出版公司, 2025. 6. -- ISBN 978-7-5596-8416-5

Ⅰ. G442

中国国家版本馆 CIP 数据核字第 20252UC705 号

Original Title: Alles ist schwer, bevor es leicht ist
Wie Lernen gelingt
Copyright © 2023 by Rowohlt Verlag GmbH, Hamburg

Chinese language edition arranged through HERCULES Business & Culture GmbH, Germany.

北京市版权局著作权合同登记 图字：01-2025-1146

越学越起劲：孩子自主高效学习的秘诀

作　　者：［德］卡罗琳·冯·圣安格
译　　者：李彦达
出 品 人：赵红仕
责任编辑：徐　鹏
策划编辑：慕　虎
特约监制：王秀荣
封面设计：奇文云海
版式设计：路丽佳

北京联合出版公司出版
（北京市西城区德外大街 83 号楼 9 层 100088）
河北松源印刷有限公司印刷　新华书店经销
字数 166 千字　880×1230 毫米　1/32　8.75 印张
2025 年 6 月第 1 版　2025 年 6 月第 1 次印刷
ISBN 978-7-5596-8416-5
定价：39.00 元

版权所有，侵权必究
未经书面许可，不得以任何方式转载、复制、翻印本书部分或全部内容。
本书若有质量问题，请与本公司图书销售中心联系调换。电话：（010）64258472-800

前言

终极挑战

很多人第一次看到我"学习教练"的这个头衔时，可能心里在想："哦，天哪——真是闻所未闻！学习教练？想当年，我们就是老老实实上学，简简单单做作业，照样学习进步。如今这些孩子，学习竟然都需要教练啦！"

有趣的是，这些人只有在真正遇到子女中的"挑战者"的那一刻，才会放弃上述想法。我在这里所说的"挑战者"，指的是那些拒绝"老老实实上学"、无法"简简单单做作业"的孩子。他们可能会愤怒、撒谎、尖叫、骂骂咧咧、把笔甩飞，唯一的目的就是逃避与学校有关的一切。那些严重厌学的孩子，或者说即使上学也如坐针毡、心神不定，甚至根本学不进去的孩子，现在格外需要认真读一读这本书。还有些小家伙会不断拖延开始做作业的时间，或者只是在自己掌握的知识范围内勉强做一点。这些孩子也许需要换一种学习方法。

相信我，这样的孩子数量多得惊人，必须采用多种不同方法因材施教，而"多种不同方法"需要通过"学习教练"才能实施。孩子们可以从中获得巨大帮助。不出所料的话，老师和家长将对孩子们在短时间内取得的明显进步感到惊讶。既不需要耗费太多精力，又可以让孩子们乐在其中，这是我向所有家长和老师做出的郑重承诺。当然，更重要的是对孩子们做出的承诺。

我们今天面对的是全新一代的孩子。他们在成长过程中有权自主做出决定："你今天想穿黄毛衣还是红毛衣？"人们告诫孩子应该学会保护自己的身体："你其实不必亲吻马丁叔叔。"此外还有："感觉不饿的话，就没必要把饭吃完。"如今的孩子有权在餐桌上参与交谈。过去那种粗暴的方法、专制的作风以及严格的教学纪律正在逐步减少。与此同时，充分顾及所有人需求的"民主式"家庭模式越来越普遍。我本人非常支持这种变化，并且坚信这才是正确的做法。孩子们应该受到尊重，根据其年龄段让他们自主选择，同时尊重孩子的边界感——这些也都是我的主张。当然，这种教育方式也让孩子们能够更早形成独立自主的个性。

值得注意的是，形成这种个性的孩子随后要在小学度过6年时光。而这些学校仍然沿袭着几十年前的那套教学方式："这是课本，我是老师，你现在必须做这个，今天必须学那个。我们三个星期后要考试，如果你到时候还没学会，就只能得

6分[1]。今天下午你必须完成课本第67页编号3的作业，记住一定要字迹工整，写在红色作业本上。"

学校沿用这套方法也很容易理解：因为我们成年人没有体验过其他教育方法，想当然地认为学校就应该这样教书育人。在我们看来，除此之外，如何才能学到知识？如何才能衡量学生的成绩？的确，这套体系对很多孩子来说仍然行之有效，但对孩子中的"挑战者"来说已经不再起作用了。这些小挑战者具有独立的个性，意志坚定又爱刨根问底，而且喜欢自己做决定，接到工作指令就想质询原因。他们不会盲目学习，因为他们认定的学习前提是首先让自己了解为什么必须学习。他们想知道学习的"意义"——在成年人的世界里，也许指的就是"用处"。他们需要获得真正的学习动力。比方说，如果要让他们在五年级的生物课上学习"葡萄蜗牛的器官知识"，那么他们就有权提问：为什么要学这些？这些知识跟我有什么关系？

对于这种孩子，我们应该采用不同的教育方法。我每天都会收到上百封信件，其中大约40%带有类似的内容："亲爱的卡罗琳女士，您能不能帮帮我？我实在不知道该找谁了。我的儿子/女儿就是不愿意学习'读写算'。为了让孩子上学，我们确实尝试过各种办法，但是现在只剩下争吵和泪水。家庭作业毁了家庭和睦。我实在是无计可施了。"

---

[1] 德国的分数采取1至6分的等级制，1分为最高分，6分为最低分。——译者注（本书注释均为译者注，下同）。

家长们抱怨的这些话都是事实，这确实令人遗憾。不过有一点需要纠正：他们并没有尝试一切办法。其实还有很多方法可以尝试，这些方法都可以带来令人惊喜的改变——而这正是我在很多贫民区中学担任学习教练时经常经历的。这本书就记录了很多良性转变的实例。

尤其值得欣慰的是，即使是那些"单纯"的孩子——我将其称为"听话型学生"——也可以从本书中获益。这些听话的孩子往往乐于配合老师的要求，虽然早已对课本了如指掌，可他们还是愿意额外做上几页作业。不过，即便如此，他们也同样需要更多的学习动力，需要享受更多的快乐，这样才能在学业上取得更大进步。应该让他们知道为什么这样学习，他们（必须）学什么。他们应该学会从另一个视角看待学校，从而更加相信自己，相信这个世界。

我们有必要让我们的孩子足以应对21世纪的各种挑战。18年后的职场领域将是何种形势，目前几乎无人可以预测。这就是为什么我们竭尽所能将孩子们培养成有创造力、擅长批判性思维、具备沟通能力和自学能力的人才，最重要的是让他们面对挑战时无须逃避。

如何让所有孩子都掌握这种全新的学习方式，正是本书的主题。

目 录

第一章
用成长型思维帮助
孩子成长 / 1

"我不会做!" / 2

固定型思维 / 3

成长型思维 / 4

如何改变思维模式 / 7

让学习成果一目了然 / 12

研究英雄 / 15

不要对孩子说"你很聪明" / 16

把犯错作为沟通机会 / 20

大脑就是一块肌肉 / 21

要不要表扬孩子 / 23

第二章

孩子的学习风格 / 27

所有人的学习风格都是混合型 / 28

VARK 模型：视觉型学习风格 / 30

VARK 模型：听觉型学习风格 / 32

VARK 模型：读写型学习风格 / 35

VARK 模型：动觉型学习风格 / 38

保持灵活性 / 42

第三章

孩子缺乏学习动力，怎么办 / 45

绝望的家长 / 46

压力和恐惧 / 48

奖励 / 52

理性说服 / 56

胜过任何奖励：内心的满足感 / 58

正确激励孩子 / 59

当孩子拒绝上学时 / 61

第一种激励方法：动之以情 / 64

第二种激励方法：与生活建立联系 / 65

第三种激励方法：动手实践 / 66

小结：功到自然成 / 67

第四章

战胜拖延症 / 69

拖延症 / 70

A 型拖延症 / 72

B 型拖延症 / 73

第一种方法：5 分钟诀窍 / 74

第二种方法：阶段性小目标 / 76

第三种方法：压缩学习时间 / 78

第四种方法：主动探讨 / 80

小结：生活的赢家 / 81

第五章

设定目标 / 83

设定目标的重要性 / 84

目标调查 / 86

PPP 目标设定法 / 87

设定明智的目标 / 88

总体目标和阶段性目标 / 90

小结：一个目标可以帮大忙 / 91

第六章

孩子的个人优势 / 93

强化优势 / 94

生活中最重要的是什么 / 96

发挥优势，弥补短板 / 98

你的优势是什么 / 99

激发孩子的优势 / 103

圣诞老人的来信 / 105

还有种方法：热水澡式鼓励法 / 106

小结：每个孩子都有自己的优势 / 107

第七章

家庭作业的理论 / 109

家庭作业经常影响家庭和睦 / 110

关于监督做作业的问题 / 113

对学习进度无须焦虑 / 115

关键点 / 120

"过去的孩子都可以独立完成！" / 121

第八章

家庭作业的实践
/ 123

家庭作业偷走整个下午 / 124

步骤 1：确定做作业的时间 / 127

步骤 2：设置听觉启动信号 / 129

步骤 3：规划家庭作业时间 / 132

不要干涉孩子做作业 / 134

如何制订学习计划 / 136

孩子的注意力能保持多久 / 142

课间休息的艺术 / 144

精彩的注意力小游戏 / 150

不要忽视孩子的基本生理需求 / 156

你有什么心事吗 / 158

作业太难了 / 159

作业太容易了 / 161

做作业时能看电视吗 / 165

借助计时器实现学习自由 / 167

只学一小时——然后就结束！ / 170

小结：这就是高效的学习方式 / 173

第九章

关于家庭作业的疑问　/177

如何为孩子布置书桌　/178

怎样营造良好的学习氛围　/181

如何照顾好弟弟妹妹　/183

需要找学习搭档吗　/188

写作业与做练习的区别是什么　/189

家长要帮孩子批改作业吗　/190

孩子在休息时能看电视吗　/191

完成作业后再读点书？　/193

第十章

关于犯错的问题　/201

错误就是机会　/202

让孩子不再害怕犯错的五句话　/204

孩子总是重复犯错怎么办　/206

如何看待很少犯错的孩子　/208

孩子总是追求完美怎么办　/209

第十一章
考试恐惧症
/ 213

从紧张到恐慌 / 214

当恐惧到浑身发软时 / 215

恐惧时大脑中发生了什么 / 217

战胜恐惧的诀窍 / 218

考场小贴士 / 220

小结：考试恐惧症是可以战胜的 / 222

第十二章
考试与成绩
/ 225

"化圆为方" / 226

早已过时的考试文化 / 227

优先级错误 / 230

过于单一的评分标准 / 231

把学习之旅比作徒步旅行…… / 233

1 分的悲哀 / 234

后进生该如何提高成绩 / 236

考试成绩会抑制学习动力 / 238

考试与成绩之外的备选项 / 239

改变对成绩的态度 / 241

小结：为什么应该废除成绩 / 243

第十三章

只有合作才能进步 /247

话语的力量 /248

家长与老师需要携手合作 /252

天使螺旋 /253

小结：趁阳光明媚时修屋顶 /255

致谢 /257

关于"成长型思维"的相关研究 /259

第一章

用成长型思维帮助孩子成长

"我不会做！"

在孩子们做作业时，我经常听到这句话。每当遇到这种情况，我通常会回答一句"你只是暂时不会！"。这种我早已经历过上千遍的交流看似微不足道，其实蕴藏着一系列学习方法，而这正是两种关键学习态度之间的重要区别。

德语中的"Haltung"（态度）或"Selbstbild"（自我认知）在英语中对应的词是"mindset"（心态、思维模式），这可以表达我对自己以及世间万物的基本态度——当然也包括对生活和学习的态度。斯坦福大学教授、心理学家卡罗尔·德韦克（Carol Dweck）发现，在探索和学习新事物时，人们会表现出两种截然不同的思维模式。这个结论是她在给一组学生布置一项稍有难度的任务时得出的。

当她问学生们任务进展得怎么样时，他们的回答千差万别。有些学生说："这次的任务很有挑战性，但也让我乐在其中。"还有人回答说："至少我从中学到了一些新东西。"而其他孩子则说："任务太难了，我完成不了。"甚至还有人说："我根本就不擅长这个。"

这些面对挑战的不同"思维模式"激发了卡罗尔·德韦克的浓厚兴趣，以至于她将此后的全部学术生涯都奉献在研究这一现象上。经过30多年的努力研究，她的"思维模式理论"如今渐臻成熟。因为她的发现对任何正处于学习阶段的学龄儿童来说都具有开创性意义，因此，在本书里——以及在我的工作中，这一理论将具有举足轻重的地位。

不过，首先我们需要了解这一理论的具体内容。

固定型思维

卡罗尔·德韦克认为，思维模式可以分为"成长型思维"和"固定型思维"。由于这些术语用德文表述略显古怪，因此始终未能流行开来，于是我和我的许多同事一样，在德文著述中坚持使用英文术语"Growth Mindset"和"Fixed Mindset"进行阐述。这种理论的核心思想是，虽然人们面对挑战和失败的反应不尽相同，但无论如何都会选择上述两种思维模式中的一种。

例如，一个拥有固定型思维的人也许经常会说："我实在不擅长这个。"他们很可能一辈子都守着这个念头不放：个人能力是静态的、固定的、一成不变的。想想吧，你当年的某位同学可能就属于这种思维模式的人。说不定你自己就是呢！

比方说在学校里，这种学生在做完数学作业后不久，可能会绝望地带着哭腔说："我全都搞砸了！"然而就在几天之后，他有可能收到的是成绩高达 1 分的试卷。对自己以及个人成绩缺乏如实评估的能力，又克服不了遇事小题大做的恐惧，就是固定型思维人士的典型表现。

此外，拥有固定型思维的人还特别热衷攀比。无论他们走进哪个地方，都会马上尝试将自己和他人做比较。一旦意识到自己是"这里最聪明的人"，他们往往就会暗暗松一口气。不过这也维持不了太久，因为他们总在担心，说不定什么人会闯进来戳穿自己的真相，还可能将自己无能的一面公之于众。他们最担心的是有人在专业领域里比自己更好。

成长型思维

与上述行为相反的是，拥有成长型思维的人经常会说："我喜欢学习新事物。"如果有人对他说"这方面你不行！"，他肯定会感觉受到了挑衅。我哥哥就是如此。作为一位已婚的成功人士，他已经年过五旬，有 4 个孩子，然而，如果有人对他说

"我敢打赌你根本游不到对岸！"，那么他肯定会当场脱下外衣，跳进水里劈波斩浪，证明自己完全能做到。

如果将这一理论应用到学习领域，则意味着拥有成长型思维的人在成绩比较糟糕、学习遇到困难时，会更加全力以赴。他们不会接受失败，而是要继续力争上游，直到让自己满意为止。

此外，与固定型思维的人不同，这种人非常善于精准地评估自己的能力。在考试之后，他们可以非常准确地预测出自己的考试成绩。

成长型思维的人很少与他人攀比，反而更愿意跟自己做比较。他们经常为自己取得的成就感到骄傲，极少半途而废。

卡罗尔·德韦克的成长型思维和固定型思维理论
- 成长型思维：
  - 失败是成长的机会
  - 我一旦下定决心学什么，就一定会做到
  - 挑战可以帮我更好地成长
  - 其他人的成功经验对我有启发
  - 我的努力和做事态度足以让我成功
  - 我特别喜欢尝试新事物
  - 我对所有反馈意见都心存感激，因为这样才能帮我进步

- 固定型思维：

> • 失败让我看到自己能力的上限
>
> • 我只擅长某些领域，其余的都不行
>
> • 我的能力都是命中注定的，不可能有任何改变了
>
> • 我只能做某些事，其余的都不行
>
> • 我不喜欢任何挑战
>
> • 我一旦遭遇挫折，就会马上放弃
>
> • 我的个人潜力早就被我的能力和智商限定好了
>
> • 对我来说，任何不同意见和批评都是对我的人身攻击
>
> • 我只能做自己擅长的事

如果想看懂这两张图，全面理解其中描述的现象，关键是需要看到这是两种思维方式的极端状态，换句话说，其实就是只有少数人才拥有纯粹的成长型思维，而拥有固定型思维的也只是少数人，我们大多数人在任何情况下都介于二者之间。此外，我们的思维方式取决于我们生活的环境、打交道的人以及每个人的生活方式。

综上所述，卡罗尔·德韦克具有突破性意义的发现成果包括：在学校以及毕业后的社会生活中，拥有成长型思维的孩子

往往比拥有固定型思维的孩子更成功。从某种意义来说，他们做事的态度甚至就足以让自己成功。不过，对我们来说更重要的是，孩子的思维模式是可以改变的。

作为家长和教育工作者，我们能够改变孩子们的思维模式，这难道不是个惊人的好消息吗？为什么这种好事没有出现在晚上 8 点的新闻中？在我看来，这简直是一件可喜可贺的大事。

如何改变思维模式

如果想改变人们的思维模式，有多种不同方法可以选择，我接下来将逐一介绍。对成年人来说，改变思维模式似乎更为困难，因为成年人的思维早已形成多年，近乎一成不变。不过，即便如此，成年人的思维模式还是有改变潜力的。我衷心希望家长和教育工作者也能及时调整自己，因为这样才能让大家真正了解自己的思维模式，由此形成的模范效应，将是我们帮助孩子培养成长型思维的关键因素。

当然，值得一提的是，仅自己有成长型思维是远远不够的。正如卡罗尔·德韦克根据自身经验得出的结论：父母的思维模式不会自动遗传给子女。

仔细回想一下，我们也许不难发现，我们在教育幼龄儿童时，经常遵循的就是成长型思维模式。当宝宝开始学着走路时，我们经常会给他们加油鼓劲。即使摔倒了，我们也会用掌声鼓励他们继续尝试下去。每次跌倒之后，孩子都可以吸取教训，直到有一天可以顺利走路。没人会对自己的孩子说："你很聪明，因此很快就学会走路了。走路对你来说很简单。"人们甚至连这种想法都不会有。实际上，我们内心为此设立了一个前提条件——孩子早晚都能学会走路，因此我们看到他们偶尔失败才不会气馁，而是会一次次鼓励孩子继续努力前行。

固定型思维/静态的自我认知	成长型思维/动态的自我认知
能力与智商都是与生俱来的，一丝一毫都不可能改变	能力与智商都是可以改变和提升的
成功意味着分数高或者成为佼佼者。结果决定一切	成功意味着不断学习，从而提高自己的理解能力
犯错误被视为缺乏能力。一旦出现错误，动力一落千丈	错误被视为改善的机会。由此可以提高进步的动力和意愿

但是，不知从什么时候起——多数人都是从孩子上小学开始，我们逐渐丢弃了这种思维模式。于是，一旦孩子在写作业上犯错误时，我们就开始忧心忡忡：是不是他不够聪明啊？我明明已经解释过三遍了，为什么他还是不会？他为什么老是重复犯错？实际上，所有这些疑问，都是我们在教孩子学走路、

学吃饭时肯定不会提出的。

那么,作为父母,我们应该怎么办?在我看来,我们也许应该这样想:情况其实并不算太糟,孩子很快就可以做好,并且不亚于我们当年上学的时候。

有一点必须强调,成长型思维并不是灵丹妙药,只是一种处事态度,当然是比较重要的态度,因为这种思维模式应该可以帮助我们——尤其是孩子们——实现下列目标:

1. 开始尝试新事物,勇于迎接挑战。这是因为我们在大脑中形成了一个原则:只要我愿意,就一定能学会。

2. 绝不放弃。我们一旦犯错误、失败、头脑发昏,很可能就想选择放弃,那么我们应该在大脑中形成某种愿景——就像大脑的神经反射一样。

3. 付诸实践。仅靠成长型思维,任何人当然都无法学到东西,重要的是我们需要依靠成长型思维获得必要的学习动力,以此为基础,采取实际行动。

成长型思维有助于我们重新开始,同时也有助于我们坚持到底。

因此,我们应该不难理解,成长型思维比固定型思维更有益处,只需要改变思维方式,就可以让孩子在学校大幅提高学习成绩——无论每个人的智商如何,也无论涉及哪些课程。这是个非常具有实用价值的发现。在美国,改变思维方式的做法早已得到实施,很多学校加强了对成长型思维的培养,从而让学生们在最短时间内提高学习成绩，明显超过那些尚未推广这种思维模式的学校。

与之相比，德国则落后了几十年。根据我在照片墙（Instagram）平台上进行的民意调查——至少有15万用户参加，超过80%的受访教师从未听说过成长型思维。因此，您的孩子无法由老师培养出成长型思维，这并非什么离奇的事情。实际上，这种培养过程并非"火箭科学"[1]，正相反，下文就列举了若干在课堂上培养学生成长型思维的实例：

- 缓慢但稳步提高难度，确保学生提高成绩。
- 通过改写、辅导、给予充裕时间，确保学生找到正确答案。
- 将学生取得的进步归功于勤奋和努力（例如"考虑得很周到""观察得很仔细"）。
- 只表扬真正努力的学生（避免让那些没有付出努力的孩子轻易获得表扬）。
- 将学生取得的进步归功于微小的实际行动，而不是智商（例如"你还可以做得更好，因为我知道你肯定还能更努力"，而不是说"你就不适合学数学"）。
- 表达客观中立的意见，鼓励学生继续努力，而不是求全

---

[1] 火箭科学：原文"Raketenwissenschaft"，在德文中用来比喻高难度、高精尖的学科。

责备。
- 一定要经常告诉学生：作为老师，我始终坚信你们一定能找到正确答案。
- 根据过程给予表扬，而不是根据结果（不要以分数为重，而是注重学习过程）。
- 强调前行的方向（例如"我们已经走到这一步了，还需要继续前进"）。
- 多说"暂时"，例如"你只是暂时不会"。
- 多说"已经"，例如"你已经学会这个了，那么我们还需要学下一个"。
- 用"大脑就是一块肌肉"作为比喻。

上述方法不仅对教学工作大有帮助，而且还可以为家长朋友们指明方向。例如，在涉及家庭作业，或者孩子需要为课堂作业学习时，家长就可以采用上述方法。当然，如果老师能够在教学工作中实施这种方法，那就更理想了。不过，家长也可以在社会真正推广这一教学理念之前，亲自培养孩子的成长型思维。

比方说，您可以通过使用"暂时"这个词，表达出"妈妈，我就是不会"和"你只是暂时不会"之间的关键区别。就这样，您可以日复一日地逐渐推动孩子朝成长型思维的方向前进。

例如，一个具备成长型思维的孩子不太可能说："现在只要不犯错就好。"他的想法往往是:"我早晚都会达到目的!"他不会认为"我就是不行",而是"只要我真正付出努力,就一定能成功"。

向您的孩子传授成长型思维,是您可以送给他的最棒的礼物。遗憾的是,现在的学校(仍然)普遍让那些马上就可以做好的孩子获得表扬并拥有成就感,而不是那些格外努力但稍晚些才能成功的孩子。一旦做错就只能获得低分,因此孩子自然而然就对犯错产生恐惧心理。这些学校看上去几乎像是将摧毁成长型思维当作既定目标了。

如果一个孩子经常对自己产生怀疑,或者因为分数低而痛哭流涕,那么下面这些练习课应该会对他有所帮助。

让学习成果一目了然

培养成长型思维最重要的方法是让学习成果一目了然。具体可见性以及(理想状态下的)可理解性体现在下面这个范例中。

拿一卷卫生纸和一支圆珠笔,然后跟孩子像正常家人那样坐在一起,在每张卫生纸上写一件很难学但孩子已经学会的事:学走路、骑自行车、用餐具、系鞋带、数数、背字母表、读书、爬树、荡秋千等。写满整卷卫生纸之后,练习的第一阶段才能结束。没错,写满一整卷确实不算容易,但这也验证了那句老话：熟能生巧，多多益善。

然后，家长需要将卫生纸重新卷好，摆在一个醒目的位置上，作为孩子学习成果的鲜明标志：我竟然学会了如此之多的事情；每个任务都很困难，我在完成过程中也犯了不少错误，在我最终学会之前，也曾频繁经历失败；因此，只要我承受住若干次失败——至少还要做到每次都重新振作起来，就一定可以完成眼前这个看似艰巨的任务。

卫生纸算不算这种练习的最佳材料呢？当然不算，不过我可以肯定，家家户户都有这种材料——对我来说，用尽可能低廉的成本多做些事情也很重要。当然了，如果有人愿意的话，在这种练习中也可以选择更优质的材料，例如奢侈型卫生纸。关键在于一定要完成这项练习，而且一定要尽快，最晚也应该在今天进行。

对缺乏自信心的孩子来说，还有个不错的练习方法，也就是根据现在流行的"感恩罐"扩展而成的方法。给不知道具体方法的人讲解一下感恩罐的做法：每天晚上将一些让你心存感恩的事情写在一张小纸条上，然后放进一个旧玻璃罐里。等到年底，当你看到满满一罐的感恩纸条时，那将是一个非常美好的时刻。

在培养成长型思维的扩展方法中，只需要将今天学到的东西写在小纸条上即可，其余的步骤跟感恩罐一样。这样就可以积累很多美好的经验，孩子再也不会认为自己"什么都不会"了。

还有一个绝妙的方法是,通过为特定主题设计"学习旅程",让学习成果一目了然。

运用这种方法时,我通常会使用一卷丝带或粗线,在钉板上设置成一系列拐角和弯道,就像从 A 到 B 的赛车跑道一样。然后,在便利贴上详细写下目前学习过程的各个阶段,逐一挂到丝带上。例如,对一年级小学生来说,他们学习的就是字母,为此需要在每个便利贴上分别写一个小写字母和大写字母,按照孩子在学校学到的字母排序法逐一挂好。接下来我会跟孩子一起做一个儿童模样的小雕像,用图钉固定在孩子现有的学习进度上。这样就可以做到一目了然:太棒了!我是从这儿出发的,原来我都已经走这么远了!

除此之外,还可以用两个玻璃罐进行练习。左边玻璃罐的小纸条记录的都是下一步要学的东西。可以在罐口上再贴一张小贴纸,画上小种子在土壤里萌动的图案。罐子里的纸条需要记录孩子经常写错的有难度的单词、孩子接下来要学的数学题等。右边玻璃罐可以贴一张画有大树的小贴纸,里面的纸条记录的是孩子刚学过的东西。于是,日复一日,左罐里的纸条越来越多,过若干个星期就可以看到成果:哇!都已经学过这么多知识了!然后可以把这些纸条放进右罐里。

研究英雄

这是卡罗尔·德韦克在一次全体学生的研讨会上所做的练习。她要求大家说出一位自己心目中的英雄，或者一位自己崇拜的明星，也就是完成出色业绩、足以成为楷模的人。然后再让大家对这位英雄做出各种假设。例如："阿黛尔天生就有一副独特的嗓音。那么很明显，她有朝一日成为世界歌坛巨星，完全是因为她的歌喉如此特别。"然后需要让学生们研究相关人物的历史和成长历程，由此验证上述假设的说法，并研究相关人物是如何成为今天这样的名人的。

在每个名人的事例中，学生们发现他们的每位英雄都有自己的特长与天赋，但无论过去还是现在，其中更重要的是这个人所体现出的巨大毅力——没有被失败打垮，始终坚持奋斗，知道自己熬过了困难时期，终有一天能够达到让我们如今钦佩有加的顶点。

我非常喜欢和年轻人一起做这个练习。在课堂上，我要求每个人选择一位名人，向其他同学介绍其职业生涯。于是到最后，大家可以看到许多不同的人生历程，如果这些成长史并非一帆风顺的话，就可以让我们获得鼓舞的力量。

此外，我还想建议父母陪孩子一起观看明星人物的纪录片。现在有一些了不起的成功人士，比如克里斯蒂亚诺·罗纳尔多或者迈克尔·乔丹，他们都将自己的成功100%归功于后天的毅力。当然，成功还离不开正常运作的教育系统的支持，以及一个充满鼓励的良好环境。

总而言之，问题的关键之处并不在于一个人是否有才华。许多天资聪颖又机敏的人一辈子也没有取得任何成就。我甚至同意脑科学家格拉德·许特（Gerald Hüther）的观点："每个孩子都很有天赋。"这种天赋各自以独有的方式体现出来。唯一的问题是，作为家长和老师，我们该如何处理好这种天赋？孩子是否有合理的态度，用于帮助自己发挥这种天赋？

不要对孩子说"你很聪明"

20世纪90年代曾经流行过一股教育热潮，试图通过一系列心理暗示的口号增强孩子们的自信心：你很聪明！你太棒了！你太完美了！

这种教育理念的出发点是想通过这种方式提高孩子们的自信心，但其中蕴含的潜台词实际上是在告诉孩子：如果他们具有愚蠢、懒惰之类的特征，那将是非常丢人的。就这些口号本身而言，这也不失为一种正面的培养理念，这样做的家长也都是善意的。

这种"智商赞誉法"也有其负面因素，不过，直到卡罗尔·德韦克进行思维模式研究之前，很少有人意识到这一点。

正如卡罗尔·德韦克为此分析过的：如果你说某人"很聪

明",那就意味着把他放置在一个高台上,这将导致这个孩子的全部生活都不得不围绕这个标签运转,只能停留在这个高台上。我们总是希望维护自己给其他人留下的好印象,因此我们的世界也就越来越狭小,总想停留在自己的舒适区里,避免探索新的世界,也就是此前不熟悉的领域。我们习惯在安全的舒适区徘徊,从而无须担心犯错。但是,如果一个人想要成长并真正出人头地,就必须经历可能犯错的过程。就像我们有一棵高大无比的树需要攀登,有漫漫长路需要前行,但孩子始终紧紧抓住让自己感到安全的一根树杈,不敢尝试其他任何路径。

我们可以设想一下:如果一个孩子在上小学一年级时感到读书认字很容易,实际上是因为他在上学前就已经学会认字了,因此他的阅读能力超出班里的平均水平。我们会对这个孩子说什么呢?"你可真聪明!这么小就会读书啦!"而孩子听到的是什么呢?他在潜意识中将认为:"啊哈,既然我学知识这么快,那我就用不着特别努力了吧,反正我很聪明。也就是说,如果我像其他同学那么努力学习的话,就说明我并不聪明了。"由此顺理成章推导出的想法非常危险,会形成固定型思维。结果,孩子对新事物产生了恐惧心理——这与提升学习乐趣、好奇心和能力都是背道而驰的。

如果这个孩子在小学时过得如此轻松,到六年级在学习分数运算时,可能就会突然遇到严重的麻烦。这个孩子自身也许具备学习分数的能力,智商也足够高。但是,早已根深蒂固的固定型思维模式导致他无法在这种复杂的课题中真正参与、练习以及忍受错误，更无法从错误中吸取教训并重新尝试，因为这个一向以速度和完美著称的孩子，现在陷入了深深的失望和沮丧，并且认为："如果我无法尽快理解，那就说明我确实不擅长这方面了。"

很多刚上学时感觉轻松的孩子，在后来的学习阶段都会经历一次痛苦的觉醒。突然间，他会感觉学习资料的数量非常庞大，课程相当复杂，因此即使是最高智商的头脑也无法应对，只能全力以赴努力学习。很多这种"聪明的孩子"随后会遭受真正的心理危机，陷入倦怠状态，或者出现严重的拖延症，仅仅是因为他们从未了解，新事物令人疲惫属于完全正常的现象。当孩子感觉到"哎哟——这也太复杂了！"时，其实他们的思维在成长。他们没有意识到，这才是真正需要超越自我的地方。

我们无权责怪孩子没有达到理想状态。这只是因为我们的教育体系存在着严重缺陷，它非常不擅长培养具有两种极端思维方式的孩子，而是将所有孩子都削弱到平均水平。遗憾的是，这些孩子只有在长大后才能明白真正的学习意味着什么，也就是挑战自我、面对失败和一次次的重新尝试。如果有位老师曾经告诉他们，"这一切都没关系。对不起，我给你的任务太简单了。你应该试试这个，应该让你的大脑获得成长"，那么他们也许可以在此期间学到更多。

现实中正相反，在学校里获得表扬最多的就是那些"不学习就会写1"的孩子。我曾经暗暗产生疑问：这有什么值得夸赞的？很显然，这项任务对这些孩子来说也太容易了吧。

在我工作了两年的中学（柏林实科中学），班上有一个男孩是上述现象的典型案例。他的理解力明显比班上其他同学强，写作课几乎得满分。因此，他曾经被认为是"最聪明"的学生，然而该中学实际上只是一所水平较低的学校。很明显，他当初不应该进入这所位于柏林北部的问题中学，他本可以很容易地从高中毕业[1]。（我并不是说高中文凭应该是所有人的目标，只是我相信这种文凭更有难度。）

当我问他是否需要我帮他获得奖学金并转学时，他却拒绝了。显然，他害怕失去自己"最聪明学生"的地位，害怕突然犯错，害怕被那些和他一样"聪明"甚至"更聪明"的同学包围，这非常令人遗憾。他内心深处隐藏的困扰，比他自己认为的多得多。

其他人能做什么并不重要，最重要的是让孩子学会不要将自己与他人进行比较，而是只与自己比较。围绕在我身边的人都可能会很武断。即使我去了要求最高的文理高中，也会发现其他人至少跟自己一样聪明，或者甚至比自己更聪明。大多数

---

[1] 德国的中学体系大体分为四大类：职业预科（Hauptschule）、实科中学（Realschule）、文理高中（Gymnasium）和综合学校（Gesamtschule），其中只有文理高中的学生有资格参加高中毕业考试，而成绩一般的学生才会上实科中学，更差的学生则上职业预科。

有固定型思维的人早晚都会在这一点上陷入深深的烦恼。

更值得欣慰的也许是那些学到了很多知识并因此获得良好成绩（2分）的学生，或者那个在上次作业中犯了100个错误，而在这次作业中只有20个错误的学生——毕竟，她的表现比之前好5倍。可是，在我们的教学体系内，她这两次都只得了最低分（6分）。这里面的问题出在学校身上，而不是学生。

把犯错作为沟通机会

需要注意的是，我们作为成年人也应该起到榜样的作用。孩子们会观察我们如何处理失败或错误，他们会以我们的行为为榜样。如果我们不希望孩子在最轻微的困难或挫折中立刻绝望，那作为家长和老师的我们也必须树立成长型思维的典范。

如果想实现这一点，有一个不错的方法：让自己失败一次。作为成年人，我们必须坦然公开这次失败，承认自己的错误，既不用太认真，也不要看得太重，同时告诉孩子应该如何处理失败，并从错误中吸取教训。哪怕是日常生活中最小的错误和尴尬，也可以作为处理样本。例如这么说："糟糕！我现在迷路了，无论如何我们都迟到了。哦，不，我怎么会这么糊涂！我一时没留神，错过了路口，天哪，这真让人恼火。（稍停顿一下）好吧，其实也没那么糟糕。我刚才在想，其实我们每个人都有可能犯错误。现在，我肯定会明确意识到，当我走上一条自己还不太熟悉的道路时,就必须更加全神贯注。我完全能做到这一点。也许我应该把导航系统的音量调大,那么下次就不会再发生这种事情了。"

其中,我们可以看到四个步骤:生气、承认错误、弱化问题、重新找回自信。如果你处理好每次失误的情况,你的孩子很快也会用这种积极主动的方式做出反应:"糟糕!我在所有题里都是按'负数'计算的,而实际上都应该是'正数'。天哪,我怎么会这么糊涂!我现在必须重新做一遍,其实我好想出去玩。好吧,至少'正数'计算起来更容易。在学校度过了漫长的一天后,我已经很累了,所以这种失误完全可以忽略不计。我想我下次一定会用荧光笔把所有数字标成黄色,这样就不会再犯错了。"这就是模仿的范例。

这个方法是我从美国心理学家贝姬·肯尼迪(Becky Kennedy)博士那里学到的。它非常有效,值得我真诚向大家推荐。一旦在你身上发生什么不愉快时,例如你迟到了,或者你因为失误惹老板发怒,就可以采用这一方法:生气、承认错误、弱化问题、重新找回自信。

大脑就是一块肌肉

不!不是这样的!——是的,就是这样!——不!!——好吧。我们可以这样理解:单纯从生理学的角度看,大脑当然不是肌肉；它是由神经组织构成的，而不是肌肉组织。

不过，对那些应该了解并且希望了解自己的大脑是如何运作的孩子来说，这种在生物学上不正确的表述方式却非常有效——当然是作为某种比喻。实际上，人类的大脑比我们想象的更像肌肉：就像我们的肌肉一样，大脑在成长中也肯定会受伤，往往是痛苦的挑战才能让我们的思想逐渐成熟起来。如果我们想拥有强壮的肌肉，那些轻松的运动方式肯定无济于事。正相反，我们需要的是举重训练以及大量的重复性训练。学习也是如此：如果一个人总是待在舒适区，那就不会在大脑中建立新的神经回路。

从某种意义上看，我们的大脑和肌肉很相似，因为我们虽然可以了解所有关于体育运动、营养学或者最佳锻炼方式的信息，并且这些知识也不无用处，但归根结底，我们仍然需要付诸实际行动。在学习中也是如此。我们可以观察他人、吸取经验、完成海量阅读，这些当然会有所帮助，但最好还是应该学习他人的具体做事方式。

此外还有一个不错的比喻。如果我想拥有健美的身体，但是在健身房我只做两种运动，其中一种我几乎无法完成，那我绝不会轻易回家，然后说："嗯，我都摇摇晃晃了，这说明训练无济于事。"当然不会！我肯定会连续好几个星期甚至好几个月坚持训练，突破自己的极限并提高极限，总有一天我会拥有肌肉发达的身体。人类的大脑和学习也可以按照相同的方式进行。我必须一次又一次地接近艰巨的任务，不断提高自己，同时还需要合理规划大量时间，只有这样才能取得了不起的成就。

其中，获得成功经验具有至关重要的意义，尤其是对学校里那些在学习进度上出问题的孩子来说。这些孩子每次努力学习一个课题时，新的课程又开始了，于是他们只能从头追赶。因此，他们始终有一种自己一无是处的失败感。实际上他们确实在努力学习，只是在速度上有所不同。

因此，让这些孩子拥有真正的成就感至关重要。老师有义务对此做出合理的区分，换句话说，就是布置不同难度的学习任务。然而遗憾的是，在实践中，很少有老师能做到这一点。如果您的孩子属于这种情况，请务必与相关老师进行探讨，共同制订一份学习计划，确保您的孩子也能体验到成功。有时候，如果老师在这方面获得提醒，并在此过程中获得家长的支持，他们也会心存感激。这对孩子建立思维模式、学习以及整个校园生涯都非常重要。

要不要表扬孩子

如果孩子后来成功了，或者学业也取得进展了呢？我们许多人都会一时冲动表扬孩子，正如我所提及过的，这种行为在某种程度上也有负面因素。请不要误会我的意思，我并不反对表扬本身，我只是觉得很多家长在表扬孩子时稍微有点过头。

其实，比外界的表扬更重要的是，孩子沉浸在自己特别擅长的某件事里时所产生的那种成就感。这就是为什么我喜欢问孩子们"你感觉如何？"。例如，一个孩子刚刚做完一道高难度的数学题，或者写完一篇满意的作文之后，就会产生这种感觉。

相比我们的判断、表扬和观点，更重要的是孩子本人对这件事的内心感受。我们的目标是让孩子在内心产生学习动力，换句话说，就是让孩子主动爱学习，完全是因为学习过程本身让他感觉良好。这才是我们应该实现的目标，这不是依靠表扬来实现的，而是需要通过不断的回顾，让孩子自己实现。（本书第三章将深入探讨"动机"话题。）

学习时会感觉良好吗？考虑到我们成年人自己的经历，这或许听起来都有些讽刺意味了：我的孩子——或者说我的学生——在学习时怎么会感觉良好呢？而这正是我们需要努力实现的目标，即使目前还需要经历漫长的过程。作为学习教练和辅导教师，我所积累的全部经验都表明，学习也可以很有趣，包括那些截至目前在学习中很少获得快乐或根本没有快乐的孩子。

话虽如此，其实我还是会表扬孩子，甚至可能表扬得太频繁了。但是，在这一过程中，我仍然在尽量给予孩子有助于成长型思维的表扬，比方说看起来可以这样：

固定型思维	成长型思维
你真聪明！	我很喜欢这个主意，你是怎么想到的？
完全正确！太棒了！	错误为0！这确实相当不错。不过，这次任务并没有让你的大脑得到锻炼。就像体育课只做了两下俯卧撑一样。当然了，你已经竭尽全力了，只是你的肌肉并没有由此获得成长。来吧，我们还是找一个能够真正锻炼大脑的任务吧。
你确实很擅长物理。这很不一般啊。	我很高兴看到你对物理感兴趣，还从中获得这么多乐趣。那你的下一个目标是什么？你接下来还想学什么？
做对了！太聪明了！	你想得很周到！

难道您还不相信这种教育方法吗？对此表示怀疑的人——以及任何对不同思维模式的理论背景感兴趣的人——可以参考附录中关于这一主题的研究概述。

第二章

孩子的学习风格

所有人的学习风格都是混合型

我们已经了解过关于学习的基本态度——其中包括我们所说的成长型思维模式,那么现在应该全面探讨一下,我们究竟该如何学习、孩子们到底该如何学习。

在探讨这个话题时,我们很快就会看到"学习风格"(Lerntypen)这一术语。根据学习风格理论,每个人的学习方式都各不相同,但通常都是依靠自己偏爱的某些感知途径形成个性化的学习方式。例如,有的人只需要读过一句话,就可以完全理解并记住,而有些人则需要听到相同的一句话才能(更好地)理解,还有些人则喜欢在学习时动手配合。

需要指出的是,学习风格理论并没有被(认知)心理学接受,后者认为该理论已经过时,而且无法被证实。尽管如此,我们在这里还是需要从广义的角度来看待该理论，因为这些学习风格可以为如何改变教学与学习方法提供参考依据，并根据孩子的个人特点进行个性化调整。此外，该理论还向我们指明了一些至关重要的信息：学习方式因人而异，采取的学习方法越适合您的孩子，他在学习方面取得的进步就越大。但反过来则是：如果学习材料的安排并不适合孩子，那他就很难学进去，甚至根本不想学习——这与他的智商或是否遵守纪律毫无关系。

人们对学习风格有形形色色的划分，从三种到七种风格不等。所有的学习风格都各有其优缺点，通常都依据某个特征进行划分。根据我的经验，我的孩子具体属于哪种学习风格，其实无须太过看重，因为无论怎样划分，都不可能准确定义：所有人都是混合型，这意味着每个人都可能兼具多种学习风格。因此，您的孩子不会完全属于某种学习风格，而且，孩子也不可能按照自己偏向的学习风格完成学业。相反，对我来说，重要的是所有人都可以借助各种方法学习：读、听、写作和动手做那些有助于学习的事。

此外，如果我们能够借助尽可能多的学习方法掌握学习材料，我们就会取得最大的学习成果。尽管如此，我认识的数以千计的家长以及我本人都可以根据经验得出结论，在每个孩子身上确实存在独具特色的典型学习倾向。发现这些学习风格是非常有必要的，我们可以由此更关注并充分加以利用。

比方说，我们大家都见过特别擅长视觉工作的人，这种人喜欢图表和图片、漫画、思维导图或者电影，他们擅长从视觉角度理解事物的前因后果；而另一种人则擅长在某个妙趣横生的讲座中认真倾听，同时还能记住讲座中讲述的所有内容；还有一种人很难通过听觉记住这么多信息，更喜欢通过阅读来学习。重要的是，每个人都可以——而且也应该——同时练习这三种感官。说到底，我们应该始终注意充分利用孩子的现有优势，因为那才是孩子与生俱来的特性。

VARK 模型：视觉型学习风格

正如上文所述，学习风格的类别千差万别，我们接下来将全面了解 VARK 模型，因为这种分类法便于理解，很有实用性。这个模型由尼尔·弗莱明（Neil Fleming）提出。与此相关的还有更复杂的分类法，但 VARK 属于一种不错的入门方法。这四个缩写字母分别代表四类学习风格的名称：视觉（Visuell）、听觉（Auditiv）、阅读（Reading）、动觉（Kinästhetisch）。在我们开始探讨各个学习风格之前，我想再次强调一下：没有人 100% 属于这些类型中的一种。

首先，我们从视觉风格的学习者开始，这种人希望看到自己所学的信息和材料，由此确保以最佳的状态学习。这类学习者通常比较喜欢图片、箭头、图表等资料。他们往往很快就会忘记自己听到的信息，因此，给他们讲课，或者嘱咐他们"上百遍"，在这些孩子身上都很少取得明显的收效。他们的优势在于能够快速理解图形和图表，并且对色彩比较敏感。此外，制作思维导图对他们来说也比较容易。

他们可以快速观察到相似图片之间最细小的差别，然后可以直观地记住某些文本段落，仿佛可以在自己的脑海里重新再现这些文本一样，因此他们可以轻松进行复述。对他们来说，看懂地图和掌握方向都是轻而易举的事情。如果发现自己的孩子具备视觉学习风格的部分描述特征，现在就可以根据这些优势，充分利用好相应的学习策略。

视觉型学习者比较擅长使用各种颜色。他们不仅在阅读时喜欢添加彩色下划线，而且在自己写东西时也是如此。当他们用不同色彩书写各种单词，画上五颜六色的下划线，同时还画上各种小箭头时，他们学习起来会更轻松愉快。如果让他们为重要的定义和词语绘制小图片或图标，增添视觉化的备忘记号，那么他们在理解和学习这些定义时的速度就会更快。如果使用思维导图的话，更是如此——因为思维导图本身就是一种非常实用的工具，当然这也是一个独立的专业课题，有大量相关佳作进行过探讨。

视觉学习风格的孩子需要一个安静的学习环境，因为他们很容易被周围的噪声分散注意力。当然，同样需要注意的是，不要让他们的目光分散在无数可能吸引其注意力的事物上，例如挂满房间的思维导图。对这些孩子来说，房间里最好是白色墙壁，这样可以让他们把注意力集中在书桌上的视觉学习材料上。特别是对属于这种类型的年幼学生，学习指南应该采用书面形式固定好——最好用图片和图标实现可视化，例如："请抄写这段话！"旁边再画上一支小笔。这种一目了然的视觉指南可以对这类学习者产生实实在在的帮助作用；或者"跟你的同桌说说话！"，旁边画一张漫画式的嘴巴和邻居。上述方法应该对这些孩子很有帮助，因此，现在很多教师也开始采用图形化的方式设计教学材料。

对年龄较大的视觉型学生，最好亲自动手制作学习所需的视频和图片。比方说，如果正在学习生物学课程的话，就可以录制一段相关小视频，例如下蛋的视频。为此，你可以用手机从上方拍摄一张纸，然后在纸上面逐一放置相关物品，直到创建出完整的一幅画。当然，也可以使用这方面的应用程序。如果孩子为这种学习视频制作出一张思维导图，你一定要把它挂起来——不过正如上文所述，不要挂在书房，而是应该挂在镜子上、马桶旁或者橱柜的门上。

VARK 模型：听觉型学习风格

具有这种倾向的学习者更喜欢通过听觉获取自己想要的信息，而不是通过读或看。这些人长大之后应该属于那种喜欢播客的群体。听觉型的人喜欢倾听，但他们也喜欢倾诉，这就是为什么传统的学校课程对他们来说比较轻松：他们上课听讲时可以说是如鱼得水，通过听觉足以获取大量知识，同时发言的水平也相当引人注目，这样的学生当然很容易受到老师的青睐。他们对口头指示的理解也非常敏捷和轻松，例如，老师说"现在请打开课本，翻到第 27 页！"，即使这条指令没有写在黑板上，听觉型的学生也能毫不费力地听明白，因为他们可以在自己的脑海里像录音机一样复述并倾听相关问题：刚才说了什么？

这种学生非常擅长与他人交谈，此外，他们还具备快速理解口头指令的能力，以及对谈话内容的出色记忆力。他们喜欢讨论甚至详谈自己其实并不太理解的事物，因为他们的学习方式就是谈话。正如英国作家爱德华·福斯特（Edward Forster）所说："在我从心里听到自己的话之前，我怎么知道自己在想什么？"听觉型学生喜欢听各类演讲和讲座，因此大多数都能成为好学生。

下面这些技巧应该有助于听觉型学习者更好、更快、更开心地学习：大声朗读，由此可以更快更好地理解内容；同时还应该大声提问，为此可以使用索引卡片。

听觉型学生在分组讨论学习时的效果普遍不错，他们尤其喜欢在人数较少的小组里学习。他们喜欢自己朗读书本，这样可以又快又好地学习新知识。比方说，如果让祖母坐在孩子旁边，让他向祖母解释地理课本上的知识，应该会获得不错的学习效果。

听觉型学生可以亲自动手制作有声读物，或者干脆将自己学到的知识保存在手机上，作为音频文件重复播放。

在听觉型学习者的学习环境中，应该尽可能将干扰性的噪声降低到最低限度；与此同时，安静舒缓的轻音乐往往对他们来说很有帮助。数以千计的家长和教师曾经通过我推荐的静心音乐列表获益匪浅（在 Spotify 音乐播放平台上搜我的姓名即可找到）。每天我都会收到很多备受鼓舞的家长或者老师发来的邮件，他们告诉我，借助这种安静的音乐，他们的孩子比以往任何时候都学得更好。

有些孩子在做作业的同时希望播放有声读物。我在一般情况下并不建议这样做，因为这已经属于同时处理多种任务了。事实证明这样做是行不通的（哪怕自己感觉可以做到）：大脑将试图理解有声读物中的相关内容，或者，特别是在播放新的广播剧时，大脑会不由自主地跟随故事情节。这样会导致孩子不可避免地分散注意力，每次都需要时间重新调整，才能专注于眼前的学习任务。

此外，如果有人在周围说话或用手机通话，也会对孩子的学习造成干扰，因为听觉型学习者无论如何都会注意倾听，并记住内容。

VARK 模型：读写型学习风格

"READING/WRITING"型就是读写型学习风格。具备这种倾向的人在阅读或书写东西时的学习效果最理想——注意这一点的话会带来惊喜。这种人对单词及其相关背景很感兴趣。学校功课对他们来说普遍比较轻松，因为现在的学校仍然以阅读和写作为主要教学方式。

这种学生的强项是制作表格，并在表格中排列单词以及术语，理解标题，查找通用术语。同时，他们的头脑里还储存了海量的主动词汇和被动词汇（"主动词汇"指的是一个人在谈话中主动使用的词汇，"被动词汇"指的是一个人在倾听时能够理解的词汇）。读写型的学习者对自己读过或写过的东西都记忆犹新，他们普遍喜欢读书，也喜欢写信，其中大部分人都擅长通过书面方式表达自己。

对这种人来说，有帮助的学习策略包括：把每件事用笔都记下来，包括在课本边缘的空白处（如果你已经在好几页的书边上这样做了，那么你肯定就属于这种类型）。另外，在读书时始终用手握着一支笔，在文中或书边写一点笔记，在阅读时最好始终使用荧光笔。

当读写型学生观看视频时，他们喜欢打开字幕——其实他们可能早就不知不觉这样做了，因为只有这样，才能感觉自己真正从视频中获取到了信息。顺便说一句，这种类型的学习者还可以采用一种极为特殊的学习方法："备忘单"法。

这种方法可以这样进行：比方说，我在准备某次考试时，可以找一张A4纸，从上到下写满考试所需记住的所有知识点。然后我再找一张尺寸更小的A5纸，把它放在A4纸旁边，继续进行第二步，将这些知识点进行浓缩，写满这张较小的A5纸：凭借第一张纸，我完全可以省略若干记在我脑海中的知识点了。就这样以此类推，一步步将知识点加以浓缩。

接下来，再找一张明信片大小的A6小纸，继续上述浓缩复制过程。最后，我制作出一张A7[1]便笺纸。据我所知，有些孩子最终甚至可以把这种备忘单浓缩到一张邮票那么小，完全可以放进铅笔盒里，孩子从中可以感觉到这张备忘单带来的无与伦比的安全感。但实际上，形成这种安全感的并不是备忘单，而是孩子们在制作过程中，通过一步步浓缩学习材料而总结和记住的知识。采用这种方式制作出一份备忘单之后，几乎就不再需要它了——根本无须在考试中作弊，他已经掌握了一切知识点，因为通过一次次的重复抄写，以及将知识点逐渐浓缩到不断缩小的纸张上，孩子们就已经学到了全部知识。

---

[1] 根据ISO 216标准，A7纸张的尺寸是74 mm × 105 mm，约为智能手机的一半大小。

> **题外话**

"小纸条"合法化

我始终认为,学校不允许学生使用备忘单是一件很遗憾的事。除了单词、不规则动词以及类似的种种内容,学校推行的死记硬背到底有什么意义?从长远来看,这些知识都并不重要,因为等下一次考试结束之后,它们说不定早就被忘光了。

在我看来,开展创造性的工作,能够批判地思考,正确理解前因后果更具有重要意义。我们毕竟早已生活在一个信息时代,我们需要的任何信息,无论在什么地方都可以快速地搜索到。过去人们这么死记硬背倒也算了,我们在今天其实早就用不着拼命背诵那些早晚都将被忘光的知识——更何况这些很快都可以在网上搜索到。

如果我们能摆脱这种束缚,对孩子说"你有权为自己写一张备忘单",那该有多好啊。然后在考试中出现的问题将变得更加有趣,因为我终于不必再要求孩子们死记硬背了。我可以告诉他们:"请随意查找公式、数字和年份——不过,更有趣的问题是,你能明白其中的含义和上下文关系吗?"这种考试可以让一些学生感觉更踏实,因为他们知道,即使我不会,只需要再查一下就行了,这样特别有助于让孩子们集中注意力,当然,最重要的是,这样还可以明显减轻考试带来的巨大压力(参见第十一章"考试恐惧症")。

实际上，任何可以写在备忘单上的东西都不需要死记硬背（也许只有若干基础知识除外，这取决于孩子的年龄和知识水平）。另一方面，真正值得学习的是孩子们的能力，而这些能力是无法写在备忘单上的，只能依靠个人发展。当然，这只是我个人的观点——其实也不完全是个人观点，我并不是唯一持有这种观点的人。虽然目前学校普遍都在禁止"小纸条"，但我发现有越来越多的老师开始对自己班里的学生放松了这方面的禁令。大学甚至已经出现了人们所说的"开卷考试"，顾名思义，就是允许考生在考试时翻阅桌子上的课本。不过，在"传统型"学校普及这种考试之前，备忘单记忆法仍然是学生们进行备考、全面学习以及应对学习材料过程中非常实用的工具，尤其适合读写型学生。

VARK 模型：动觉型学习风格

这种类型的孩子需要伴随肢体运动和触觉感受才能更好地学习。单从字面意义上就可以理解这种学习风格。对他们而言，学校里传统的学习环境——主要是要求学生们听讲和端坐不动——平心而论是颇具挑战性的。动觉型孩子通常学东西很快，对动手做实验以及自己亲身经历过的学习成果过目不忘。例如，如果让他们自己动手完成化学实验，就可以更好地理解化学成分的相关知识。

有动觉型倾向的孩子具有出色的身体记忆力，因此擅长体育或手工活动。让他们通过跨学科项目学习，效果最为理想。他们喜欢迎接多元化的任务。他们经常精力充沛，喜欢千变万化的生活，否则很快就会感到无聊，完全提不起精神。

　　因此，对于有这种倾向的孩子们来说，合理的学习策略应该包括：端坐时间尽可能短，并有明确时限，而且需要设置同样具有明确时限的运动课间。如果允许他们在学习时挪动和摇摆肢体、行走、动动身子、发出点声音、嚼口香糖（其实这也是一种运动），应该对他们大有裨益。比方说，我建议在常见的坐椅上放置一个平衡座垫，以便让这种孩子在端坐时也可以做一点必要的良性运动。

题外话

合理的座位设置

　　因为合理的座位设置是个至关重要的话题，所以我们需要专门开设一栏简短的题外话。为此我想推荐一种平衡座垫，因为我一向不太喜欢瑜伽球或者健身球那些运动方式。这些项目虽然让人运动，但根据我的经验，大部分时候造成的运动量有些过多。其实这样恰恰会干扰孩子们在学习上的注意力。此外，除非付出超出常人的努力，否则没人能长时间坐在这类球上，同时还要保持真正适合后背的坐姿。因此，我始终认为，带有凸起（向上弯曲）坐面的圆形摇摆椅子更适合理想的坐姿。即使是喜欢运动的孩子，也可以同时进行思考时所需的运动。

另外，在常规座椅的两条前腿之间设置弹性体操带也是个好主意。孩子把双脚放在带子上，在弹性阻力下前后来回运动，从而释放孩子向往运动的冲动。没充满气的小型健身球也可以实现同样的目的。可以让孩子把脚踩上去，随心所欲地揉捏球体，这样可以让脚底充分进行大量运动，确保孩子身心平静地投入学习。

还有一种"桌上自行车"也是个不错的运动选项。这其实不是真正的自行车，只有两个踏板而已。只要把它放在桌子下，就可以让孩子开始运动了。桌上自行车分为简单型和精密型，都配备有新型测力计，非常实用。我有一位当教师的朋友就在教室里安了一辆简单型，看上去美观大方。一旦发现某位学生无法保持端坐不动，请不要将他看成"烦躁的多动症患者"，而应该让他坐到自行车上踩着踏板，这样就可以使其安静学习下去，因为这种学生只是偶尔需要做一点运动而已。

动觉型孩子比较容易分心，因此，有必要为他们营造一个尽可能减少刺激的学习环境。无论出于何种原因，如果在家里或孩子的房间里无法实现这一点，可以让动觉型孩子在做家庭作业以及学习时戴一顶帽子，这样可以限制大脑对外界环境的敏感反应，并在一定程度上屏蔽周围环境的干扰。有些孩子也可以使用耳塞或者降噪耳机（在一些教师的倡议下，有些教室已经开始允许使用这种耳机）。因此，如果你看到孩子在夏天仍然戴着帽子坐在课堂上，这可能并不是为了追求时尚，而是因为他的学习风格。

此外，还可以布置一个学习间。可以将纸板、屏风或隔板安放在孩子的书桌周围，由此可以在物理意义上避免孩子受到周围环境的干扰，确保其集中注意力。这些措施非常值得一试。

由于动觉型孩子比较热衷运动，通过听觉进行感知的能力相对较弱，因此他们普遍属于"凡事都需要解释三遍"的人，正如某些愤怒的家长抱怨过的，他们还不知道怎样才能让自己的孩子好好学习。当然，如果你避免向动觉型孩子"凡事解释三遍"或者不断口头警告，而是向他们展示一些做法，然后再让他们模仿的话——例如三分律或任何其他学习任务，这样对每个人来说都会更轻松和更有效。你们可以从简单的入门任务开始尝试，然后再一步步增加难度。

这种孩子可以边做边学，所以应该大胆地让他们去动手尝试。只有在充分了解孩子的学习情况之后，才能对他们进行分类，并接受其学习风格，如果尽可能按照孩子天生的学习倾向规划学习方式，那么一切都会容易得多。

对于动觉型孩子来说，在家里轮流使用不同的房间也有助于学习。平心而论，为什么不能让孩子在浴室地板上、餐桌底下或者在厨房的台面上做作业呢？难道只是因为这些地方"不适合"吗？谁规定的？凭什么？所以我认为：试试看吧！只要孩子愿意，就可以让他们尽情地在站立、行走或者平躺的状态下完成学习任务。而且，由于动觉型学习者非常依赖触觉方面的体验，如果让他们从上小学起就开始使用各种学习辅助材料的话，可以取得更好的学习效果，例如橡皮泥、乐高积木、蒙台梭利教学材料。

保持灵活性

对每种学习方法，我肯定都会让学生们有两次或三次认真测试的机会，然后再如实斟酌这种方法对孩子是否有意义。此外我还建议：应该保持灵活性。因为，任何人的学习倾向和风格偏好都不会一辈子保持不变，也不会通过基因遗传。这些学习风格都将随着年龄的增长而发生变化。例如，在二年级根本不起作用的学习方法可能到了六年级就能帮助孩子取得优异的成绩，反之亦然。这个世界是不断发展的，最重要的是，应该让我们的孩子也同步发展。只有跟上他们以及整个世界的发展速度，我们才能始终保持与时俱进。

如果您发现某位老师比较适合您孩子的学习风格，那一定要跟这位老师取得联系，并主动进行沟通。当然，不要用任何说教的方式，而是进行简要的解释：孩子何时以及如何学习最理想，你在家里积累了哪些关于用学习材料辅导孩子的相关经验，以及如何辅导孩子。如果你在辅导孩子方面愿意投入一定的时间、意志和个人能力，你也可以询问这位老师，能否偶尔到家里亲自帮助孩子调整家庭作业和学习任务，以便让孩子更符合相关要求，从而让他获得更愉快的学习体验。主动沟通当然要比互不理睬更有帮助，因为后者对任何人都毫无意义，只会让孩子承受痛苦，而这将导致他的学习效果低于自己的实际能力。

如果您不想通过"破例"的方式跟老师进行沟通，就应该利用家长会和家校座谈会来探讨常见的学习风格——特别是您孩子的学习风格。

当然，如果学校在课程的设置上能够确保老师采用的教学方法尽可能适应每个人的学习风格，那肯定是最理想的，因为如果将 4 种学习方法结合起来，一定可以让孩子们取得最佳的学习效果。不过，我还是认为教学重点应该放在每个人特有的学习风格上，同时不应剥夺他体验其他感知渠道的机会，例如，动觉型孩子也可以偶尔听一听广播剧，听觉型孩子可能也喜欢在教室里玩闹，视觉型孩子也可以时不时读点书。根据学习风格进行学习，并不意味着只遵循单一的渠道。多样性和灵活性同样是成功学习和高效学习的组成部分。

不过，在学校尚不具备这些条件之前，您可以在家里为孩子的学习风格采取很多措施。

当家长朋友们开始研究学习风格时,我经常听到四种反馈意见。

第一种:"我的孩子现在学习更好、更快,对学习的兴趣也更浓了!"

第二种:"我们在学习和家庭作业方面的压力小了很多,这给整个家庭都带来了好处!"

第三种:"除了孩子学习有进步,这些方法还让我进一步了解自己的孩子,让我们之间的关系更和谐,相互之间更理解!"

家长对我说的第四种反馈则是:"谢谢!我现在也更会学习了,因为我找到了自己的学习风格。"

第三章

孩子缺乏学习动力，怎么办

绝望的家长

找我进行咨询的家长经常这样描述他们面临的最大困扰："我的孩子根本没有学习动力！他不想为学校做任何事。我已经费尽口舌了，可什么都没改变！"缺乏学习动力是个大问题，会让家长们陷入无比绝望之中，并导致家庭频繁出现纷争和烦恼。

那么，究竟什么是学习动力，它又是如何产生的？如果孩子缺乏学习动力，该怎么办？怎样才能克服短期的情绪低谷？这些都是家长最关心的问题。他们扪心自问时，通常都已经努力进行过多种尝试，并且还在努力。他们不得不苦口婆心地劝导孩子：

"这些都是为你好，不是为我！"

"这可是你自己的前途!"

"你们现在学的东西其实很有趣啊!"

"这些都是必须知道的常识啊!"

"如果连这个都不会,你长大了怎么能找到好工作?"

这里面有没有你常说的话?你经常习惯跟孩子说什么?或者,你小时候经常听到的是什么?这些话有用吗?

令人难以置信的是,所有这些话其实都是百分之百正确的、饱含善意的真话,都不无道理,但我不知道有哪个孩子会在听到这些话之后说:"没错!爸爸妈妈,你说的对!我做这些都是为了我自己,我现在就开始努力学习。"或者:"千真万确。我现在正在学习物理知识,这也太有意思了吧!"所以我们不难得出结论:以上那些话其实没什么用!

在一般情况下,我们试图激励孩子上学的方式都是人性化的和切合实际的——同时也收效不大,成果寥寥,很难获得真正意义上的激励效果。人们的经验也证明了这一点。顺便说一句,其实我们所有人的经验都是如此,如果上述方法切实可行,你也许根本不会翻开这本书了。但是,为什么这些方法不起作用呢?

为了找到准确的答案,我们需要仔细研究一下平时激励孩子的常见方法。最常见的"激励"方法到底是什么?我可以列举一些:

- 对孩子施加压力或直接恐吓:"如果你不做作业,你的成绩会很差!"
- 给孩子奖励:"考 1 分奖励 5 欧元,考 2 分奖励 3 欧元!"
- 向孩子指明未来前景,并试图理性地说服。

接下来,就让我们逐个探讨一下这三种激励方法。

压力和恐惧

为什么用迫在眉睫的后果吓唬孩子不起作用?为什么恐惧产生的效果无法持久?因为这种方法伴随着严重的副作用。有句谚语说得好:"带着恐惧学习的人,同时也学会了恐惧!"带着恐惧心理做事的人,很难长久坚持,也很难成功,更不用说会乐意去做或者产生主动性了。恐惧绝非积极意义上的动力。但有一点需要指出:人们当然也能在压力和恐惧中努力学习。我们大家应该都有过类似的经验:例如在考前最后冲刺时奋发图强,在恐惧和压力下释放出的肾上腺素能够在短时间内帮助我们,刺激我们,使课本上的知识飞速进入我们的脑海,当然,这些知识也会很快从脑海中消失。这确实很成问题。

更大的问题在于,所有在恐惧和压力下学习的人都会留下负面印象。一个在恐惧和压力下勉强学习的小学生所体验到的学习,是一件既不快乐也不美好的事情。正相反,他们体验到的学习是一种充满压力的紧张状态，在这种状态下，出于对负面后果的恐惧心理，他们不得不硬着头皮勉强完成任务。

这与如何学习以及如何有效学习几乎没什么关系。真正的学习应该只能在"心流"（flow）状态下实现：沉浸其中，做事专注，全然忘记时间和空间。例如，当孩子们全身心投入游戏中时，他们就会处于心流状态了。

在达到这种状态后，就能实现真正的学习。在获得激励以及体验到激励的状态下学习，将对孩子们的心灵产生积极的影响，更重要的是，还可以留下美好的印象和记忆。我深信，孩子们在刚上学时积累的几乎都是积极的学习记忆，因为他们在6岁时，就已经完全自发学习了大部分知识；这种学习纯粹是他们本人出于自愿完成的，因为他们由衷地想知道一切，学习一切，掌握一切。借助这种真正的学习，他们在人生的最初几年收获了不计其数的知识。让我们试想一下，一个新生儿，刚出生时甚至连胳膊都不会抬，然后再对比一个6岁的孩子，或者最好是你自己的孩子，他在这几年时光里已经学会了一切——坐、爬、走、说话、攀登、做手工、使用勺子、用剪刀裁剪、给颜色命名、自己穿夹克、搭建积木塔，甚至还学会了游泳。这是何等繁多的知识和技能啊！所有这些学习都没有借助学校，而且大部分时候根本不存在任何压力和恐惧，都是他们自己学会的。

遗憾的是，在学校经常出现的场景是，授课时通常没有考虑孩子。因此，不知从什么时候起，孩子开始为学校而读书，不再是为了自己或自己的人生。他们不再因为自己（自发的动机）想学习阅读、写作和算术，而是因为他们必须这么做："我现在上三年级，面临很多课程，所以我现在必须要学……"距离真正的学习，我们还有很长的路要走，这就像一场游戏，更像是一场快乐的探险。

我相信——当然通过我的经验也可以证明，如果我们希望孩子们享受学习，就应该让他们获得积极的学习体验。这就是实现学习动力的秘诀。在这一过程中，与压力和恐惧状态下的学习成果相比，孩子们可能会在短时间内——在过渡时期内——学得更少，或者学得更糟，但从长远来看，此后的学习效果肯定会越来越好，孩子们将更爱学习，因为他们终于再次体验到，学习原来是一个美好而有益的过程。学习又变得有趣了，学习新知识，然后再理解和掌握它，原来让人感觉这么好。

从长远来看，这种方法还可以为家长（也包括教师）省去很多困扰，因为给孩子施加压力的同时还要注意减少恐惧，其实是非常费时费力的。我就用这种方法为我的孩子减轻了很多压力和挫败感，而这些负面影响在成年之后肯定都会加剧的——甚至在上大学时就开始加剧了。

当然，"没有压力和恐惧的学习"并不意味着学习可以让人免于偶尔出现的疲惫感，也不意味着永远快乐美好。在蹒跚学步的孩子身上,我们不难看到这一点:当他们为某种新事物需要格外付出努力时——例如一次次试着自己用勺子吃东西,直到最终成功将食物送进口中。因此,我的目标是让孩子们学会区分压力和努力。压力是负面的,而努力是正面的。

但麻烦之处在于,压力和恐惧对激发短期动力格外有效,尤其是对年幼的孩子。对于一个小学生来说,如果我说"如果你不这样做,老师就会生你的气",大多数孩子马上就开始照做了——他们想把每件事都做好,确保不会惹老师发怒。但是,为了取得同样的激励效果,我发出的威胁必须年复一年逐步增大,威胁内容必须更为激进,时间长了,孩子们对老师的敬畏之心逐渐减弱,家长们也就越来越难以找到有效的威胁方式了。

因此,我们每次都不得不增大威胁的力度,直到孩子终于有一天——通常是青春期——说出(或者这么想):"我不在乎!随便你怎么威胁我,我就是不做!"一旦到了这一刻,我们的麻烦就大了。

除此之外,谁会愿意年复一年、日复一日地威胁自己的孩子,同时还要不断臆想出更具威胁性的情景?没有人会对此感到满意。日复一日的重复威胁给亲子关系带来了巨大的压力。很多家长减少威胁的一个原因是他们已经意识到,由于发出这些威胁,他们与孩子的关系实际上只剩下无休止的争吵。

因此可以说,依靠压力、恐惧和惩罚教育孩子完全无济于事。幸运的是，越来越多的家长如今已经认识到这一点。他们宁愿为孩子提供奖励，也不想再看到威胁造成的负面后果——这就是我们的第二选项。那么，这种方法的效果会更好吗？

奖励

奖励是惩罚的另一面，因为如果家长承诺过的奖励始终未能兑现，孩子们就会将其视为惩罚——事实上并不限于孩子，成年人也是如此。如果您想深入研究这个话题，我推荐美国学者艾尔菲·科恩（Alfie Kohn）的著作以及他在网上发表的文章，他从父母的视角探讨了奖励和惩罚的相关问题。

严格来说，奖励并不是真正积极意义上的激励方式，不过，如果我们面对现实的话，这首先是一种巧妙的思想操纵。我们大多数人都有过类似的亲身经历，比方说老板要求员工晚上加班，于是将比萨外卖送到办公室作为"奖励"。当然，我们都希望自己的工作获得回报，但是，只有当我们发现工作本身的意义时，我们才能真正产生工作的动力。

对我来说，奖励过程中的最大问题在于：我无法确定孩子能否按照自己的愿望完成任务。如果我承诺了奖励，虽然是因为我不相信孩子会主动学习生词或者心甘情愿去学习，所以只能用给予奖励的方法激励孩子。由于这种操纵方式，孩子们逐渐学会完成一件事，并不是因为它是合理的、适宜的、有帮助的、令人愉快的或者是必要的，仅仅是因为外部的物质诱惑。承诺奖励这种行为本身就向孩子传达了一句潜台词：学习本身并不令人愉快。否则，就没必要为此设置奖励了。

我们想要实现的目的恰恰与此相反：我们都希望孩子喜欢学习，并且由此长期对学习保持兴趣。因此，这就是我从不为学习承诺奖励的最主要原因。我想让孩子明白，学到新知识，并且理解、认识和掌握这些知识，才是学习最美好的回报。这种内心感受到的奖励要远超任何来自外界的奖励。

从长远来看，任何奖励都无法取代人们内心产生的动力。这也是我经常对孩子们说的话——当然，要换一种表达方式："你所拥有的一切都可能被夺走！比方说，有人可能偷走你拥有的一切财产，但没人能偷走你头脑里学到的东西。这些才是你在内心积累的无价之宝。任何黑客或者小偷都无法夺走！"孩子们都很明白我说的这些话，当然，关键在于需要反复开导。

奖励带来的另一个问题在于——正如我们曾经探讨过的威胁方法——依靠奖励取得的效果损耗得非常快。为学习而进行奖励是一种（来自）外部的动力，我不想为此文过饰非，这种方法只能在短时间内发挥作用，孩子们很快就会出现习惯效应：为了取得相同的效果，家长承诺的奖励必须越来越大。

例如，我承诺，如果孩子本学年取得好成绩，就奖励他3欧元，那么明年一定是5欧元。总有一天，孩子们想要的比我

第三章 孩子缺乏学习动力，怎么办　　53

们所能给予或者愿意给予的更多，到那时，奖励作为一种（错误的）激励方式就已经没用了。

在这方面，我记得在我的工作中遇到的一个典型事例。多年来，我一直陪伴着一个饱受离婚和争吵困扰的家庭，他们有三个孩子，这些孩子早已被父母折腾得筋疲力尽。因此不难理解，在这种充满烦恼的环境中，孩子们几乎没什么动力做家庭作业，更别说其他学习了。于是，他们的父母只能反复用奖励的方法解决问题，这当然也形成了习惯效应：他们给予的奖励只能越来越大，其中包括承诺赠送性能越来越好的新手机、PC游戏、马匹（真正可以骑的马）以及其他精美的礼物。这种在绝望状态下进行的绝望尝试，随后被证明非常离谱，尤其是最小的儿子在学校出现了严重问题，而他的父母仍然在尝试用奖励来解决这些困扰。小儿子严重缺乏继续上学的动力，以至于父母仅仅为了让他上补习班以及参加阅读障碍培训就给予奖励。

这个男孩在13岁时已经换到第4所私立学校了，有一天他甚至找到父母，要求道："如果你们想让我继续上学，就必须付钱给我！"事情怎么会发展到这个地步？这到底是怎么回事？父母万般无奈地答应了，他们同意付钱。而这种"工资"当然也要年年增加。

没错，这只是现实中一个比较极端的事例，但它也说明了为什么从长远来看奖励是无效的，最好从一开始就不要承诺奖励。

只有一种情况例外，那就是在外部环境没有任何其他办法，必须要孩子马上配合的极特殊情况，例如需要让孩子马上接受医生的检查，或者接受注射。在这种情况下，你可以对孩子说："你只要现在听话，就给你一本好看的杂志！"或者用一种玩具——以及其他任何你估计能让孩子开心的东西——作为奖励。

不过，需要注意的是，我们一开始往往都只想在这种极特殊情况下才对完成此类让人不快的事项给予奖励，但是不知不觉就开始在其他并不特殊的情况下也给予奖励。早晚有一天，孩子会在取得任何一点成就或者完成任务之前，都向家长提出要求："我能得到什么奖励？"这实在算不上一种良好的生活和学习方式——即使对处在螺旋式成长期的孩子来说，也是如此。

给予食品类奖励也会造成其他麻烦。如今，已经有大量的儿童和青少年患有各种形式的饮食失调症。根据罗伯特·科赫研究所的数据，在11至17岁的青少年中，有超过20%的人受到饮食失调症的影响；其中，女孩的发病率几乎是男孩的两倍，约为29%。很多营养学家认为，饮食失调往往都是由于进食过程中的情绪问题以及周围环境造成的，而这两者恰恰与营养摄入的实际目的毫不相干。

食品的功能应该是提供营养，或者用于社交聚会。例如，蛋糕是用来庆祝的，而不是用来奖励的。我们一旦开始用糖果奖励孩子完成家庭作业，就会让他们在脑海中形成印象：我肯定是因为做得很好，才有资格获得巧克力。从长远来看，这意味着每当孩子有一点点成绩时，他都会认为自己有资格获得一块巧克力作为奖励。反之，孩子还会经常靠吃甜食来寻求安慰，并因此在内心坚信不疑："因为我感觉不舒服，所以就要吃冰激凌，这样就感觉好多了。"

食物与感觉的这种组合一旦形成就很难摆脱。因此，我强烈建议不要用食品奖励孩子，并且应该在学校号召杜绝这种教育方法，因为老师偶尔也会给学生们发糖果作为奖励。这当然是善意之举。然而，许多教师往往并没有意识到这可能对某些孩子产生长期的不良影响。

我经常建议人们，冰激凌只属于夏天，因为它在炎炎夏日是一道清凉的美味；而巧克力只属于圣诞节，只能以巧克力圣诞老人的方式出现；餐后甜点应该在您与家人一起享用美味佳肴时提供。对我来说，每天在小学生的午餐盒里放一粒小熊软糖就足够了——当然，每个家庭都可以找到自己的奖励标准。需要确定的是，小熊软糖只能作为额外赠送的小礼物——不要取决于孩子的行为或感受。

理性说服

好了，我们现在该探讨第三种选择了——试图理性地说服。例如，家长试图指明未来的前途："为你自己的今后着想吧！只要你学习好，你就可以找到一份不错的工作。"

可是问题在于，此时此地的学习往往对孩子来说太过乏味，更何况儿童和青少年并不会像我们成年人那样展望或者想象未来。对于我们来说，五年时光也许不算什么——但对于孩子来说，那几乎意味着永恒。

尤其是青少年，他们的大脑在青春期正处于全面重塑阶段，以至于他们暂时无法做出理性的和前瞻性的决定，因为他们内在的青春期冲动以及"此时此地"的影响力实在太大了。

一个人在16岁时，往往认为自己永远都有足够的时间："我早晚都能学会这一切，只是千万别在今天，别在此时此地。"青少年其实都是不可救药的拖延症患者（参见第四章）。父母们可以回想一下自己在15或16岁某些日子的感受，现实生活似乎离自己无比遥远，什么责任都不用承担，"早晚都能赚到钱"，这样也许就可以理解孩子了。

当然，这并不意味着我不愿意跟年轻人探讨他们的未来。我会和他们一起确立目标，并思考如何实现这些目标。这些都是至关重要、颇有成效的对话。但是，当我想在特定情况下激励孩子时，我不会用未来的指引路标劝说年轻人。

如果说这种激励方式也行不通，那我们该怎么办呢？

胜过任何奖励：内心的满足感

道理很简单。孩子们可以从很小的时候就知道哪些事是必须做的：哪怕是无聊和"愚蠢"的事情，无论如何都必须完成——即使是在没有任何奖励的情况下，仅仅因为这是有必要且有意义的。因为毕竟世界上还有比这更美好的东西。

当孩子做了一些比较乏味和（或）他们最初抗拒的事情时，我总是会问一个简单的问题："你完成了？那现在感觉怎么样？"从来没有哪个孩子回答说："这很愚蠢！我很生气自己能够战胜自己，完成这项艰巨的任务！"不，孩子们都会为自己感到自豪的，他们会描述自己良好的感觉，兴高采烈地享受成功。通过这种问话方式，孩子们可以学到对所有人一生都至关重要的东西。他们终于明白，有些事情是自己不感兴趣的，每次完成时都需要努力克服自己，但是事后，总是感到很高兴、很轻松，也很自豪。

通过问孩子"感觉怎么样？"，我唤醒了他们内心深处弥足珍贵的满足感。

孩子越是充分体验到这种或大或小的胜利感，将来就越容易参与到令人不快的新任务中，因为他已经认识到，虽然刚开始自己可能需要付出艰苦的努力，但随后肯定会获得那种美妙的感觉。孩子对这种感觉的预期，实际上比承诺的任何奖励、威胁的任何惩罚或任何关于美好未来的理性劝导都要有效上千倍。此外，这种内心的满足感甚至不会受到习惯效应的干扰，它每天都可以发挥作用，而且历久弥新。

孩子需要的正是这种发自内心的"我成功了"的满足感，这样他下次才有动力去学习以及完成作业。这其实也给出了"我该如何激励我的孩子"这个问题的大部分答案：在孩子们完成任务后尽可能经常问他们，现在完成任务、此前完成任务或者只是尝试完成任务的感觉如何。而这才是真正意义上的学习动力。

正确激励孩子

我本人尝试通过不同方法的组合来激励孩子，所有这些方法都很重要，还需要对孩子因材施教。

例如，我一直在用一种培养成长型思维的表达方式（参见第一章）。因此，一旦孩子抱怨"我就是不会！"，我会镇定自若地鼓励说："你只是暂时不会！你能付出努力就已经很棒了！你能做到这些，真的很令人欣慰。"孩子们读书时，如果能听到这些，不是很好吗？他们毕竟只是孩子。

通过这种方法，我希望孩子随着时间的推移，对自己以及自己的能力充满信心——而这种信心就是由内到外最好的激励。这样可以让孩子主动激励自己去尝试新事物并处理好。在孩子接受一项新任务之前，我无须（过多）激励他，因为他应该凭借这种信心,从内到外激励自己。

另一种激励方法是真正做到让孩子内心感动和兴奋。这就是我一直致力于实现的目标。"motivation"(激励)一词的组成非常巧妙:这个单词起源于拉丁语"movere",也就是"移动、打动"的意思。因此,与其问孩子什么可以激励他,不如问什么可以打动他。每个孩子内心深处都有可以被打动的地方,这样才能唤起他们的好感,鼓舞他们的斗志。对于有些孩子来说,被打动之处隐藏得比较深,有时需要很长时间才能弄清楚。不过一旦找到,对激发学习动力肯定是值得的,可以说屡试不爽。

这让我想起一件往事。我年轻时,曾经作为大学生在慕尼黑进行数学辅导。有一天,一个新来的16岁女生找到了我。第一次走进我那间狭小的学生宿舍时,她还皱了皱鼻子,说这里确实有点小,看上去好简陋。很显然,她早已习惯比这更好的环境。于是,我们就在这种气氛中开始学习了。意料之中,她对我的辅导毫无兴趣,几乎连看都不看我一眼,始终呆坐在椅子上,仿佛是被强迫送到这儿的。不过,我那时已经积累了很多相关经验,并没有被她的表现打乱计划,而是兴致勃勃地向她解释线性函数。而她在此期间一直望着窗外,还打量着我这间简陋的宿舍,几乎就没怎么听我说话,从头到尾只重复同一句话:"我就是不会。"

就这样煎熬了45分钟后,我想给她布置一个新任务。因为我是《哈利·波特》的粉丝,所以我选择了《哈利·波特》

小说中的例子。我的问题是德拉科·马尔福需要用多少个金加隆和银西可购买魔法书。她听了之后马上转向我,眼睛顿时亮了起来,这才真正看着我,惊讶地问道:"你知道《哈利·波特》?"我说:"当然,我是有史以来最忠实的粉丝!"她近乎喜出望外了,坚持说:"没有人比我更忠实!"在接下来的一个小时里,我们全都在谈论《哈利·波特》:我们属于哪个学院,我们最喜欢哪些场景。

她对我敞开了心扉,讲述起她游览过的伦敦哈利·波特主题酒店,我们还问了一些自己感觉比较棘手的内幕问题——只有铁杆粉丝才能回答。从那天起,我们彼此之间的交流不再有问题,她的学习兴趣也不成问题了。她时时刻刻都充满了动力,这让我们俩在合作中都很轻松。

直到今天,我仍然是她及其家人的好朋友。她始终未能真正爱上数学,但至少开始对这门课感兴趣了,因此这个女孩终于顺利地从高中毕业。

这个事例非常适合于探讨这个问题:用什么可以打动孩子?有时候也许是哈利·波特。如果孩子可以被哈利·波特打动,那也会被数学打动——前提是应该将二者结合起来。

当孩子拒绝上学时

如果我们找到打动孩子的突破口,也许就可以利用这个机会，进一步激励他完成许多其他与此无关的任务。我们唯一要做的就是设法找到孩子内心的喜好。

我又想起另一个故事。我曾经接到一个绝望母亲打来的电话，她有个上八年级的儿子，他开始拒绝上学。当然，此前多年，他早已经对学校产生了严重的抵触情绪。但终于有一天，这个14岁的孩子说："我再也不想上学了！"那么，一位母亲面对这样一个几乎接近成年的孩子，应该怎么办？

她告诉我："我根本不可能把他抱起来拖上车，然后开车送他去学校！"她甚至曾经认真考虑过报警，让警察送儿子上学，因为在一个实行义务教育的国家里，警察确实曾经对很多学生这样做过。但我很清楚，这绝不是合理的解决方案。

这位母亲当时还向一位治疗师求助，治疗师建议她几星期内都不要送儿子上学，还给她开了四个星期的病假条——于是压力暂时解除了。但她随即问我："那我们现在该怎么办？"

我问她："你儿子喜欢干什么？"

"呃，他喜欢整天坐在电脑前。"

"他只是玩游戏吗？"

"不，他玩过游戏，不过他也做很多其他事情，比方说他喜欢拍小视频，一有空就拍，数量还挺多。"我建议她找一位计算机专业的大学生，让他每天去给她儿子上课，教他编程。事情到了这种地步，这个家庭应该愿意花钱完成此事。

这位母亲找到了一位合适的大学生，专业能力很出色，性格也很友善,每天教那位男孩90分钟编程,还给他布置了家庭作业。男孩虽然对上学毫无动力,在编程时却能经常忙到深夜。在这四个星期里,男孩发生了很大的变化。他走路的步态更为坚定,目光更加清澈,举止也更友好了。他坐在电脑前时总是全神贯注,到了早上——还没等大学生到家——就会飞快穿好衣服。

他学习编程非常投入,以至于过了三个半星期后,他和父母坐到桌旁,对他们说:"我现在想重返学校。我希望从高中毕业,这样我就可以上大学选计算机专业了。"在此之后,他确实重新上学了,并且以优异的成绩从高中毕业,虽然他从来不是传统学校的粉丝,但他完成了实现梦想所必需的任务。

这就是动力的源泉。

我也许无法激励某些孩子学习法语、生物或音乐,因为他们可能对这些课程根本就没兴趣,但是孩子应该有能力理解,为了实现更大的目标,有些事情是必须完成的。因此,找到打动孩子的关键之处,才如此重要。

孩子是否有明确的职业理想并不重要——刚才提到的那个男孩一开始也没有。首先,应该让孩子意识到,从课外时间喜欢做的事情中,也可以学到很多东西。这个男孩就很擅长电脑,并发现自己更应该选择学习计算机专业。只有让孩子们具备这种洞察力,才能实现这种认知,而这往往是激励孩子时最大的挑战。

很多缺乏动力的孩子根本不相信自己可以取得富有成效的进步，由此在将来获得一份理想的职业。为此我给出的建议是：比方说，如果你的孩子拉丁语不好，但数学很出色，那就应该为他加强数学辅导。这听起来或许有些自相矛盾，但我将其称为"强化优势"——而不是喋喋不休地强调孩子的弱项（参见第六章）。

让孩子体验到自己格外擅长某些科目，例如数学，可以激发孩子巨大的学习动力，由此让他更愿意在拉丁语等不感兴趣的科目上尽到义务，从而顺利完成学业。对于这一点，我最欣赏一句出自希腊哲学家普鲁塔克（Plutarch）的格言："头脑不是一个要被填满的容器，而是一束需要被点燃的火把。"这完全符合我多年的经验。

当然，对孩子来说，如果可以接受拉丁语的辅导，以减少可能存在的学习短板，仍然很有意义。不过，我还是建议家长应该在优势科目上至少投入两倍的时间。因为体验到自己的优势，对激发孩子的学习动力以及实现未来的发展，都至关重要。

第一种激励方法：动之以情

在现实生活中，有三种简单的方法可以激励孩子。第一：动之以情。与其让孩子完成一个中立的、专业化的任务或练习，不如根据孩子的特性赋予情感元素。例如，我在用英语进行看图作文的练习时，不会从普通英文书中简单选几张图片，而是从孩子们比较感兴趣的书籍或视频中寻找素材，也就是找那种可以调动孩子强烈感情的图片。在展示这种图片时，如果再说"在图中的重要位置上，我看到……"，就会产生完全不同的激励效果。

我的朋友薇蕾娜·弗里德里克·哈泽尔（Verena Friederike Hasel）在她的著作《跳舞的校长》（*Der tanzende Direktor*）中讲述过一群新西兰孩子如何学习看图作文的有趣故事：他们早晨上学前跟老师在海滩上见面，光着脚踩在沙滩上，尽情欣赏海上日出。这种热情洋溢的活动经常让他们备感充实，然后再步入教室，学习黑板上关于个人感知和感受的形容词。就这样，他们学会了如何准确描述图片。任何带着热烈情感学习的人，自然都充满了学习动力。因为情感也是一种动力。

第二种激励方法：与生活建立联系

孩子们通过学校学习的材料与外部世界之间建立的联系经常远远不够，或者说存在很大难度。即使作为"专业人士"，在回答"为什么必须让我学这个"的问题时，我通常也只能想出一个比较牵强的答案。

尽管如此，我并没有放弃，并且竭尽全力在寻找答案。以计算百分比为例：你还有百分之多少的数据量或手机电量？这些问题往往与孩子的生活密切相关，能够实现著名的"顿悟体验"（Aha-Erlebnis），反过来还可以激励孩子们完成百分比的运算。或者我们再举一个范例：举办研讨会。我曾经借助照片墙的故事，跟孩子们演练过这种活动。使用这种方法时，我对儿童和青少年的建议持开放态度，并对他们的日常生活产生了浓厚兴趣。如果需要与儿童和青少年一起学习的话，这种活动肯定是个不错的选择：要让人感兴趣，而不只是要做到有趣。

我向他们提的问题越真诚，他们就越会对我的发言产生兴趣。这就是我吸引孩子们注意的方式：与孩子的日常生活建立联系也是一种动力。

第三种激励方法：动手实践

在照片墙上关注我的人可能会想：为什么现在才给出这个建议？实际上，这是我事业的核心内容，也是我为孩子开展的工作取得成功的主要原因之一，更是那些父母在家里跟孩子共同使用我的方法时能体验到成功的主要方式。

因为，仅靠将学习材料加以情感化，或者与实际生活建立联系，是无法激发足够的学习动力的，"动手实践"始终是最后一种解决方法。无论一项任务多么枯燥，当我在户外用粉笔在沥青或石板路上写出来时，都足以对任何年龄段的孩子产生全新的效果。我有时还会用（可清洗型）粉笔在玻璃窗上布置所有作业。在新冠疫情期间，有数以千计的孩子用粉笔在房间窗户上写下自己的作业——他们的父母曾经给我发过这些感人肺腑的照片，因为那是他们的孩子第一次热情洋溢地投入一项任务。

我会在积木或房间里的物品上贴上胶带，并在胶带上写上单词。此外，我还会把乘法表、变格和动词变位写在地板上的小粉笔盒上。实际上，任何一种任务或练习都可以通过这种方式付诸实践——动手实践就是动力。在本书的表格部分，可以看到很多实践方法和图片范例。

小结：功到自然成

我很理解那些子女缺乏学习动力的父母所产生的绝望心理，这些孩子往往会拒绝上学或者拒绝做作业，或者在受到数十次警告之后才低头耷脑勉强去做。如果我们能意识到，这通常是由于孩子们面对不合理的压力、恐惧、奖励或理性说服手段时才出现的问题，那么，这种困境就相当于解决了一半。

如果您开始采用我们在本章探讨过的激励因素的合理搭配，这种困境的另一半即可消失。激励孩子的好处是，您很快就会发现哪些因素对孩子有益处。孩子则会用他的表情和实际行动展示获得激励的效果。那么从这一刻开始，一切都会好转起来的。

第四章

战胜拖延症

拖延症

您之所以捧起这本书开始读,很可能是因为您的孩子经常遇到学习困境,或者在学校出现烦恼。其中最常见的一种问题就是做事拖拖拉拉——又被称为"拖延症"(Prokrastination)。我们每个人对这种现象应该都不会陌生。

如果我们都卸下伪装的话,让每个人都列出自己长久以来一直想做的至少10件事——也许包括一封必须送到邮局的信;一双磨破底的鞋子,大概在修鞋店放了很久吧;别忘了还有纳税申报单之类的。做事拖延其实很常见,也是人之常情。为此,我们需要区分两种不同类型的拖延症。

第一种是做事拖拖拉拉,虽然有些令人不快,但并没有造成什么严重后果——除了偶尔需要缴一点延期罚款。而另一种则属于严重的拖延症，其程度已经对患者本人的生活产生了负面影响。因此，我特别想提醒一下，父母一定要清楚什么是拖延症，这样才能设身处地地理解自己的孩子以及年青一代。

如果人们能够认识到，有些孩子出现的问题有点像拖延症，其中有些实际并不严重，那么就更容易理解这些现象了。从原则上说，拖延症是一种后天习得的行为，然而不幸的是，这种行为会愈演愈烈。

第一个拖延原因来自这样一个事实：通过推迟一项令人不快的任务或活动，可以暂时避免克制自己或者努力奋斗造成的不快。在这种人内心深处，可以感到一种（短暂的）兴奋：压力消失了，我终于不必再处理某些难题了。

第二个拖延原因则来自人们的逃避行为，包括观看抖音视频、玩电脑游戏或打电话给女朋友，用这些行为取代一些令人不快的任务。这样就可以快速稳妥地实现更愉悦的感受。

实际上，这两种拖延表现都让处于拖延症状态的人感觉颇为良好，因此症状也就越来越严重。如果我可以通过这种方式让自己摆脱烦恼，那为什么要改变现状？

但是，往往是过了若干小时之后，强烈的愧疚感和不良预感都涌上心头，眼前的实际任务既没有完成，也没有因为拖延而减少（这可真令人惊喜）：反而现在还增添了时间压力。不过，如果始终都没能完成任务，那种愉悦的快感反而会再次增强，因为我们再次设法逃避了努力。于是，这样一直持续下去，一种典型的恶性循环就形成了。

好吧，现在让我们仔细研究这两种拖延症。

A 型拖延症

A 型拖延症患者（我本人就属于这种）经常推迟一切任务，但到最后一刻仍然可以恢复最佳状态，并且取得好成绩。如果您的孩子属于这种类型，他通常会在交作业之前的那个晚上开始学习，或者写作业直到深夜，或者在早晨上学前飞速制作一张海报。如果您的孩子通过这种方法获得成功，或者说最终取得好成绩，或者总体表现良好，我建议父母们干脆什么都不要做，或者尽可能减少干预。这是因为，任何一种 A 型人早晚都会对自己的拖延症感到很恼火，由于他经常将自己置身于这种巨大的高压状态下，最终肯定会全面反思自己的学习方式，从而尽早开始学习或写作。

比方说，我清楚地记得我在大学第二个学期时需要参加八科考试。在考试开始前四个星期时，有个朋友送给了我小说《暮光之城》的第一部。结果，我有三个星期都沉迷于吸血鬼的世界，几乎没时间去钻研考试的复习讲义。与此同时，我内心的愧疚感也在与日俱增。

终于，在考试前的最后一周，我彻底放弃睡觉了，开始每天学习 16 个小时——这还远远不够，至少对于温习自己学过的知识来说，时间确实不够用了。不过，最后我还是以优秀的成绩顺利通过了所有考试，但与此同时，我的扁桃体严重发炎脓肿，也算是这场拼搏的一份证明。

我们不难发现，拖延者早晚都会惩罚自己——有时会从中吸取教训，但有时也不一定。作为局外人，如果想洞察这些奥秘，并不总是那么容易。

尤其是那些没有拖延症或者做事很少拖拉的父母，当他们看到自己的孩子将专业课拖上好几个星期，而不是"每天坚持写一页"时，他们就会感到痛不欲生。我本人也曾经拼命努力过，但从中得出的结论是：对 A 型拖延症患者来说，到了一定年龄后，无休止的劝诫和激励已经无济于事了。而且我意识到，在某些时候，自我认识实际上比他人从外部不断提醒和建议更有效果。

更何况，在我看来，B 型拖延症患者的问题可严重多了。

B 型拖延症

如果一个孩子拖延交作业的时间过长，以致他根本无法继续取得任何像样的成绩，在临考试前几天也恢复不到更佳水平，而是由于恐慌而自暴自弃，那么在这种情况下，父母就必须积极干预了，因为这种情况可能会危及孩子的整个学业。

一般来说，我不相信任何孩子会任由自己彻底滑向深渊，但我却无数次从父母那里听到这样的说法："如果他总是这样荒废时间，我就不管他了。怎么碰壁都是他自己的事。"我觉得这种话实在是缺乏爱心，近乎恶毒。这也完全不符合我对父母持有的立场：为了孩子应该有所作为。没错，如今有很多年轻人在父母通过言行帮助他们时，往往会恼羞成怒。不过，我还是恳请父母们千万不要为此感到不安。因为根据我的实践经验，所有跟我一起学习的年轻人始终都非常感激我，更感激他们的父母，因为我们从未放弃他们，也从未让他们遭遇不幸。

每个人在青春期都会遇到一些难关，为此需要一个头脑清醒、三观稳定的成年人站在孩子身后，确保他不会出任何意外。彻底放弃学业这种事，不应该发生在任何孩子身上。

所以，如果您有一个 B 型拖延症的孩子，他几乎什么都不干，甚至在学习任务截止期的前一天也无动于衷，那么就必须采取一些积极措施加以应对。

第一种方法：5 分钟诀窍

这种解决方法的关键词是"现在就开始！"。我对此给出的建议是，就从现在——此时此刻，也就是我们说这句话的时候——开始。从现在开始，而不是继续跟孩子寻找谈话机会；也不是写一份待办事项清单，并为孩子制订更多的计划，让他最终有时间做家庭作业或者学习；更不是继续寻找什么合适的时机，再让孩子温习所有的西班牙语语法。

不！上面这些做法统统不要，而是必须说："现在就开始！"现在，不是再等五分钟，也不是"以后"，也不是今晚——就在此时此地，放下手里的书、手机或任何东西，然后马上开始。当然，为此需要战胜自我。

而5分钟诀窍（对14岁以上的孩子可采用"10分钟诀窍"）有助于让孩子们克服这一点。这个诀窍很简单，你只需要告诉孩子自己同意他们的观点："好吧，如果你认为这道题特别难，你怕它会让你绞尽脑汁，那你就再坚持5分钟。为此，我们现在可以将计时器设置为5分钟（正如我所说，年龄大一点的孩子可以设置为10分钟），然后在这5分钟内全力以赴地完成任务（或解题）。如果在此之后你还是觉得这一切太困难，再也坚持不下去了，那我们就停下来。说到做到！"当然，这个承诺是必须要兑现的。

但我的经验证明，在95%的情况下，孩子在5分钟或10分钟后都会点头说："我想再坚持一会儿。"然后不知不觉就完成了40多分钟的学习任务，而且还能做完大量作业。

这种学习方法真的很实用，你今后随时都可以付诸实践。然后你也可以试着在5分钟内填好纳税申报单，或者熨烫完衬衫。在大多数情况下，这种坚持都会延长到1小时，即使未能做到，仍然可以打破恶化已久的拖延症状态，中止这种恶性循环。

第二种方法：阶段性小目标

拖延症造成的最大问题是，我们只能看到眼前这座似乎不可逾越的高山，以至于认为自己永远都不可能完成任务——当然，这种感觉相当令人不快。正如我的编辑在鼓励我写这本书时说过的："不要总想着写一本书，而是始终坚持一页接着一页写。"

上学的孩子们也会面临这种难关。例如，错过了几星期的拉丁语单词课，或者在学数学时感觉异常吃力，上课始终跟不上——有可能是因为没有打好基础。同样，完成一次演讲或者为一次高难度的考试进行复习，也可以被视为一座大山。在这种情况下，我始终恳请家长朋友们尽可能设身处地为孩子们着想。例如，对孩子们来说，备战化学考试的总复习，几乎就像让成年人填写眼前的纳税申报单（或类似的严峻问题或糟糕经历）一样难受。

对此，我们作为成年人有能力伸出援手，因为成年人有大局观，可以将大任务分成小任务，让孩子感觉每个小任务都很容易完成。我最喜欢的一句话就是："如何吃掉一头大象？一点一点地吃。"

在遇到特别困难的情况时，哪怕孩子已经开始自暴自弃了，我都会竭尽所能将这些小任务进一步拆分得更小。例如，当孩子感觉任务太庞大时，可以在书上写出相关文本的概要。

然后，我拿起几张便利贴，在第一张的背面写下："翻开本书第 76 页，阅读。"

在第二张写上："手持荧光笔，在关键词下面画线。"

在第三张写上："运用 5W 法写出内容概要的引导词：谁（Who）、为什么（Why）、在哪儿（Where）、什么（What）、何时（When）。"然后以此类推。

接下来，我会将所有的便利贴贴在墙上，或者贴在作业桌上。由于我在每张便利贴的背面写的都是微不足道的小任务，因此孩子看到的只是一面贴满了空白便利贴的墙而已（当然，这些便利贴必须按照正确的顺序粘贴）。没有人会为此感到害怕。同时，我还会在这些便利贴中掺杂几张小丑图案的便利贴，上面写有"起床，拿瓶苹果饮料"或者"做 10 个小玩偶"。

在这种便利贴方法真正取得良好效果之前，我真心建议家长朋友务必亲自参与，并以鼓励的态度陪伴整个过程——当然，前提条件是父母有足够的时间。不过，我认为这种时间花得很值，因为摆脱拖延症的唯一方法就是积累成功克服个人缺点的经验。但是，如果孩子的拖延症问题相当严重，上述任务可并不那么容易完成。因此在早期阶段亲自陪伴孩子是非常必要的。在最理想的情况下，还应该让孩子学会自己将任务分成易于完成的小任务。

第三种方法：压缩学习时间

打个比方说，如果我还有 14 个小时的时间来完成某项任务，那我可能需要将这 14 个小时全部用上。如果我只有 1 个小时的时间，那我可能（在大多数情况下）在这 1 个小时内就能完成任务。由此启发我们的解决方法是，尽可能减少孩子做作业或学习的时间。如果让孩子知道自己整个下午和晚上都有空，他很可能会一味拖延下去。

因此，在跟家长和孩子协商之后，我决定，学习时间只能安排在 17 点到 19 点之间。在一天的其他时间里，不要安排学习任务。我执行这条规则越有力，这种方法取得的效果就越好。这可能意味着我会在晚上 10 点钟从拖延症孩子手中拿走法语课本，不许他为第二天的单词测验复习。你必须鼓起勇气这样做，因为由此取得的效果真的很好。

虽然孩子们在短时间内会感觉这样很刻薄，不过从长远来看，他们肯定会尽量争取在规定时间内完成任务。最重要的是，对于每一位家庭成员来说，每天剩下的时间都会更轻松，因为孩子们在休闲时间不会产生任何愧疚感，也不会听到父母那接二连三的"赶快学习！"的叫喊声。

在一般情况下，我建议每天留出一个半小时的学习时间，同时您可以跟孩子一起坐在桌旁，让他全神贯注地学习。当然，具体时间长短取决于孩子所在的年级和学校类型。在这段时间里，我希望父母坐在桌边也能忙些自己的工作：完成文书工作、制订每周计划、写信……我不建议您坐在孩子旁边玩手机——哪怕你是为了工作。手机特别容易分散人的注意力，尤其是对孩子来说。

我建议，应该只让孩子在父母陪伴的时间段内学习，而在其他所有时间则无须学习。经过几天的训练，孩子最初的抵触情绪就会逐渐减小。接下来，孩子可以在相对较短的时间内完成很多事情。重要的是，由此取得的学习成果肯定比他不断拖延所有任务要好得多。

压缩学习时间的方法通常很容易执行，并且可以取得良好的效果。例如，孩子在一节课的时间里学会了所有10个单词，同时完成了所有家庭作业。于是，有些父母开始提高自己的要求。他们可能在想：既然进展得如此顺利，为什么不让孩子为学校可能进行的突击测试多做些准备呢？或者说，孩子是不是应该为两星期后的课程做点练习？对此，我只想建议：不要这样做。

有一点我必须提醒大家：我们纠正拖延症的出发点是什么？孩子曾经完全处于萎靡不振和拖拖拉拉的低迷状态，记住这一点非常重要。因此，我们应该把孩子取得的看似很小的进步，看作意义非凡的成绩加以庆祝。因为只有让孩子拥有真正的自豪感，以及拥有"我完全能做到"的信念，他才能随着年龄的增长，成为一个真正有远见的、勤奋的学习型人才。

在我家墙上挂着我最喜欢的一句格言："完成比完美更重要。"因此，我认为，只要孩子们顺利取得进步，家长只需要庆祝就行了，不要马上提出更高的要求。

第四种方法：主动探讨

还有一种方法实践证明也很有效：在纠正拖延症时，需要我们一次次地主动探讨相关话题。例如，在吃晚饭时，你主动说起自己如何拖延了很长时间，你对自己有多恼火，你如何陷入越来越大的压力，你如何最终差点没完成任务。最重要的是，在完成任务之后，我们可能才发现事情没有自己预想的那么糟糕，同时还应该讲述你是如何坚持不懈，才终于找到了摆脱拖延症恶性循环的方法。

在这里，我想引用一句我经常对自己以及孩子们重复诵读的箴言："我要迎难而上。"或者："你只需要比你最强大的借口强大一点点！"

美国著名作家和民权活动家玛雅·安吉罗（Maya Angelou）曾经说过："除非你行动起来，否则梦想不会实现。"你必须为此而努力，梦想才会成真——这句话千真万确。

小结：生活的赢家

我们每个人都完全能够独立处理好自己的拖延症倾向，这可以被称为"自我管理"或"自我调节"。遗憾的是，现在的学校普遍没有探讨过这一课题，或者很少探讨。实际上，科学的自我管理是孩子今后能否顺利上大学或者从事高水平职业的重要基础。

为此，我不仅对孩子是否学好数学知识感兴趣，而且会问些其他问题，例如：孩子能否管好自己？是否有能力设定每个阶段的目标？能否科学管理时间？换句话说，孩子能不能合理预估一项任务所需的时间并及时开始？孩子是否学会激励自己并按时开始完成任务？如果进展不顺利，孩子会怎么做？在出现错误时该如何处理？

我希望所有孩子最好在学校就掌握这种自我调节能力。必须声明的是，这里指的可不是那种每学年开两天的"如何学习"培训课，这可远远不够。这种自我调节能力的培养应该成为各科专业课的必要组成部分，让各个年龄段的孩子都能真正掌握。在此我想提及费迪南·斯特布纳（Ferdinand Stebner）教授的研究成果，他在这个重要议题上为所有感兴趣的人都提供了有益的支持。

第五章

设定目标

设定目标的重要性

在职场领域,设定目标是很通行的惯例——至少对专业人士来说是这样。没有目标就没有会议,没有目标也就没有计划。事实证明,设定目标确实有帮助。

如今,根据大量心理学研究,我们已经知道目标的设定何等重要,对人们开展工作会有多大帮助,在头脑中设定一个可以校准方向的指南针是多么有益处。我估计大多数读者肯定为自己设定过长期的职业目标或个人目标,到了年底偶尔会感到异常欣喜和惊讶:哇,我已经完成了这么多——这在一年前几乎是难以想象的。

我自己每年都会这么做。这么多年来,我和丈夫坐在桌旁,共同回顾上一年的目标,为我们所取得的成果感到欣喜,也为下一年设定新的目标,当然这都需要写下来。有时候,我们真的需要平心静气地想一想,在接下来的几天、几星期和几个月里,我到底需要什么?什么对我最重要?我想在生活中的各个领域实现什么?

尽管如此,这种看起来理所当然的目标设置在学校几乎尚未普及。我极少看到老师在上课之前叮嘱学生最新课程的既定目标是什么。近年来,个别的教师培训班偶尔实行过这一做法,但总体来说仍然相当罕见。

我个人认为,无条件让人端坐、倾听并配合45至90分钟,却不告诉对方在整个参与过程中的任何具体目标,这可以说是对所有学习者的不尊重。相信我,没人会在职场领域这么做的。因此,我认为在教学中设定目标非常重要,而我本人在实际工作中也一直在身体力行。

例如,在开始讲课之前,我会在黑板上写出:"今天的学习目标:了解勾股定理,学会变换公式。"

孩子们一看到这些目标,也许会说:"哦,上帝!我根本就学不会!"这只是因为他们过去没听说过毕达哥拉斯而已。对此,我通常回答:"没错,你只是暂时不会。我会向你详细解释的。我在这方面曾经做过大量练习,因此我相信到下课时,你肯定至少能学会一部分——当然,前提是你要付出努力。现在,我们就要给自己一个机会来试试。"

目标调查

每次上完 90 分钟课，我都会进行一次目标调查。我让学生走到白板前拿起笔，各自在目标下画一幅小画。全体学生都必须这么做一遍，在课间休息前，尽快在白板上留下自己的小画。每个孩子都需要画出四种图案中的一种，分别代表各自的学习进度。这些符号的代表意义包括：

- 带一片树叶的小树苗指的是"我对此印象深刻"。
- 带两片树叶的小树苗指的是"我能听懂一些"。
- 一朵带叶子的盛开的花指的是"我感觉学得比较扎实了"。
- 一棵小树指的是"这堂课我都听懂了，相关知识都学会了"。

作为一名教师，通过这种方法可以让我看到理想的反馈情况，因为我从中可以发现，有多少孩子确实学会了，还有多少人没学会；哪些学生实现了课堂目标，具体有多少人。由此我可以准确制订下一堂课的教学方案。此外，由此还可以让全体学生练习自我评估，这也非常重要。根据我的经验，有些学生经常会给自己过高的评价，而另一些学生则对自己评价过低。经常有人问我，这种情况该怎么办。在我看来，唯一的方法是经常将自我认知与外界认知加以对比。

我始终坚信，只要设定一个目标，并且竭尽全力去实现，然后再思考自己距离目标还有多远，同时不要有任何压力，最终肯定会做到更快更好地工作和学习。当然了，我无法证明这一点，就像我同样不知道如果在课堂上没有设定目标会怎样。但是，我从不在没有既定目标的情况下工作，就像我不会在没有任何明确谈话目标的情况下打电话一样。

当然，我发现跟我一起学习的孩子们都特别珍惜我设定的目标，因为目标为他们指明了方向，而方向是学习过程中的基本需求之一。只有在满足这些基本需求之后，学习效果才会更理想。

如果想知道我这些经验是否适合你，唯一的办法就是亲自尝试一下，同时思考这种方法是否有效。在制定目标时，大家完全可以采用各种不同的方法。

PPP 目标设定法

这三个字母 P 分别代表的是个性化（Persönlich）、现在时（Präsens）、积极性（Positiv）。通过这种方法制定的目标往往更具吸引力，因此更容易实现。例如，如果一个孩子希望自己"写一篇文章"，那么这肯定是一个非个性化的目标。更吸引人的个性化表达方式应该是"我能写一篇文章"。稍微读一读，就会发现两种表达方式在效果上的差别。

"我一定要学会说英语"在语法上当然准确无误，但作为目标几乎没什么吸引力，因为它是用未来时态表达的。如果运用现在时态——第二个P——应该更有效："我要说一口流利的英语"，这样表述的话，可以让孩子感觉几乎实现了自己的目标。

最后一个P代表的是积极性。人类大脑其实并不擅长处理否定句式，这就是为什么消极表述的目标听上去很软弱，例如："我不想再在进行分数计算时犯那么多错误了。"这句话其实还可以有更令人振奋的表达方式："我一定要确保分数计算结果正确。"

接下来，为了有效制定目标，还需要确保目标的可衡量性。这一点至关重要，否则你永远不知道自己是否实现了目标。为此还有一个著名的原则SMART，可以提醒人们设定尽可能明智的目标，而这个单词在英语中的意思就是"明智"。

设定明智的目标

SMART中的每个字母分别代表一个重要的目标属性：S代表具体的（Spezifisch），M代表可衡量的（Messbar），A代表吸引人的（Attraktiv），R代表可实现的（Realistisch），T代表有时限性的（Terminiert）。

让我们先看字母 S——具体的：确切地说，就是我到底想实现什么目标。例如，一个不具体的，因此也很难奏效的目标可能是："我必须在学校学更多知识！"这就说得有些模糊，可能泛指任何知识，也很难看出什么意义。为此，应该修改成具体目标："我每天必须学 × 分钟数学。"

接下来让我们讨论字母 M——可衡量的：我如何衡量目标？鉴于此，我不会给自己设定"我要学好数学"之类的目标，而是设定："我要在数学考试中得 2 分。"

现在，再看一下字母 A——吸引人的：这个目标是否因为对我有益处而值得奋斗呢？我想将目标设定为"我每天学 5 个单词"，取代"我要学习更多单词"这种表达方式。"更多单词"很容易让人感觉很难实现。而每天"只"学 5 个单词，则是让每个人都敢于尝试的目标，比较吸引人。重要的是，学习目标对孩子来说具有至关重要的意义——为什么让他们追求某种缺乏吸引力的目标呢？因此，一定要仔细解释某件事为什么应该做，或者某个目标应该实现，这对孩子们来说非常重要。我们知道，如果孩子无法发自内心地认同一个目标，那么他实现目标的概率就非常小。

让我们继续讨论字母 R——可实现的：首先应该想清楚，我每天可以实现什么，具体实现多少。我建议不要给自己设定"每天学 30 个单词"那种目标，而是 5 个单词。重要的是，设定的目标必须是可以实现的。例如，一个孩子——无论出于何种原因——已经连续好几个星期没有做作业了，那么忽然要求他"从现在起每天必须学习3个小时"，这种目标是完全不现实的。从孩子目前的实际状态来看，这种要求实在过高。同样，不要要求孩子每天学30个单词，或者让孩子每天练整整1个小时数学之类的。

最后看字母T——有时限性的：我希望在什么时候实现目标？这个时限对表述达到某种学习水平的目标非常重要，例如："我必须在8月12日完成论文。"在这类目标中，确实应该阐明确切日期，或者，如果设定的是当天的目标，那么就应该阐明具体时间。设置截止期，能够带来一种天然的紧迫感。我们对此应该都不陌生：如果我有无限的时间，那么我可能就永远无法实现目标；相反，如果我"只有"下周的时间，那么我很可能在下周就能完成任务（参见第四章中有关拖延症的内容）。

总体目标和阶段性目标

在力所能及的时候，我经常会跟孩子们共同设定目标。比方说，如果有人设定了"我要学会用勾股定理进行计算"的目标，我随后就会将这个总体目标细分为若干个阶段性小目标，确保其逐步接近大目标，例如，为此需要让孩子先学会幂和开方的运算，并正确标注三角形，也就是区分邻边和斜边——这些都是不可或缺的小目标。

然后我会展示给孩子们,哪些是我们的大目标,哪些是小目标,并把这些目标都写在便利贴上,贴在墙上的一张黄色纸上,在最上端写上标题"尚未实现",黄色纸右边贴一张粉色纸,标题是"正在进行中",粉色纸右边贴一张蓝纸,上面写着"已经实现"。

每天我们都会对比学习进度与预设目标,例如:啊,真不错,我现在对开方运算更有信心了。于是,现在可以将相关的便利贴从粉色纸上挪到蓝色纸上。然后,我再设定一个新的小目标,并将其从黄色纸上挪到粉色纸上。我们就这样一步步推进,直到最终实现所有的小目标,总体目标也就随之实现了。

有时候,判断自己是否实现了目标并不容易,因为很多事情都可能存在改进的余地。因此,我经常用植物作为比喻(参见上文)。我会让孩子们在小便利贴上画出相应的图案,描绘当前的学习水平:从只有一片叶子的小树苗到成熟的大树。这样就可以对目标实现过程中的进度一目了然。

小结:一个目标可以帮大忙

总的来说,我认为设定目标可以在很多事情上起到促进作用。如果用以目标为导向的方式工作,我们的注意力可以更集中,因为在设定目标的过程中,我们能充分了解达到总体目标需要的每个步骤、需要开展的相关工作以及需要完成的阶段性目标，还可以预见最终的效果。

当我们向着一个有价值的目标前进时，我们才能在遇到困难的时候更努力。此外，精心表述的目标可以让孩子更了解外界对他的具体期望。因此，最好让孩子共同参与目标的制定，哪怕他目前还不太明白具体的相关情况，但是，至少要让孩子牢牢记住总体目标。

如果美好的目的地已经出现在你的视野里，那么走一条艰苦的荆棘之路也许更容易抵达，因为无论如何，这总比在大路上被人群踩踏要好——你的脚甚至可能被踩断。在此期间，你必须经常问自己，为什么从一开始就选择这条艰难之路。

第六章

孩子的个人优势

强化优势

正如我强调过的,"强化优势"在我看来是学习上获得成功的核心要素。英语中有一句名言表达的也是这个含义:"What you water, grows."(浇水就会生长。)意思就是"一分耕耘,一分收获"。

我当然知道,这句名言听起来有点像台历上印的那种鸡汤文,但实际并非如此。您很快就会发现,这句话蕴含着很多道理。我始终认为,现在的学校对这种"强化优势"的教育方式相当忽视。根据我的阅历,如今的学校系统往往只关注三个焦点:

1. 传授知识

2. 比较
3. 关注（应该改正的）错误和弱点

对我来说，其中缺少最重要的一项，即仔细观察一个孩子，尽量找出他在哪个领域具有独特的个人优势。然后，我会帮助这个孩子认清和理解自己的优势，最重要的是，还要有针对性地利用自己的优势，并不断加以提高。我认为，这才是学校最应该关注的焦点。我相信，仅凭这一点，我们就可以弥补现有学校系统的诸多缺陷。

孩子们的错误应该在学校得到纠正，前提是在纠正之余，还应该告诉孩子他们自身的优势是什么，或者格外擅长什么。只有这样，才能确保以维护孩子自尊心的方式纠正他们的错误。

如果我没有这样做，孩子的学习过程只能循规蹈矩：做作业，填考卷，交论文，唯一收到的反馈就是被老师指出的错误。当然，有时也会出现一个对钩，表示"回答正确"或"表现不错"——但通常最多也就是一个对钩了。更让孩子关注的则是论文中被老师标出的3到15个错误。试想一下，当孩子们看到自己的论文这样时，其中很多人肯定会想："我真是一无是处——最多也就是个平庸之辈。"

我认为这种教育方法很成问题。学校一遍遍地测试孩子们的知识和能力，包括阅读能力、写作能力、对学习任务的理解

第六章 孩子的个人优势　　95

能力、快速接受能力,或者做出满意答案的能力。这些能力对孩子来说当然也很重要,我并不想隐瞒这一点。

如果一个孩子具备这些优势,那么他在学校就会不断受到鼓励,例如取得不错的分数。这些优势看似获得了回报,体现出"一分耕耘,一分收获",可以说实现了上文引用的那句格言的内容,但遗憾的是,在孩子们长大后的生活和职业领域,这些能力不一定能发挥什么帮助作用。

生活中最重要的是什么

在成年人的生活和工作中,需要在规定时间内对某个问题给出特定答案的"考试式情景"其实相当罕见,更需要发挥的是与学校完全不同的优势。有些优势是孩子们在学校期间很难有机会培养的:创造力、解决问题的能力、团队合作能力、自我组织能力——我只列举了其中一部分而已。

我们可以设想一下,如果一个孩子具备出色的社交能力,跟同班同学相处融洽,能够察觉哪位同学状态不佳,善于为他人挺身而出,拥有强烈的正义感,做事条理清晰,当然也许效率不高,他微笑的样子与众不同,跟他相处的时候让人感觉很舒服。

如果真有这样一个孩子,我想社会上肯定有大把的热门职业适合他,他甚至永远不会被数字化技术所取代,因为世界上没有任何机器人能够取代拥有上述优势的人。

这个理想型孩子在长大成人之后，可能在五星级酒店主持招待宴会，并处理得得心应手，让数以千计的客人感到宾至如归。他还可以经营一个大型幼儿园——有几十个教室的那种，或者可以在医院工作，担任护理部主管。这一切都应该归功于他的明显优势，但除了出色的社会技能分数（如果有的话），学校并不会对这些优势加以奖励。而这就是问题所在。我们真应该推行这种优势教育。换句话说，至少让我们看看学校推行这种教育方式之后取得的效果如何。

我们可以再设想一下，如果上面描述的这个孩子患有阅读障碍症或计算障碍症，或者学习任何知识都非常吃力。

于是可悲的是，这个孩子将在学校承受多年的痛苦：他实际上只会犯错误，什么都做不了，什么都跟不上。身处这种可悲的教育体系内，他将变得毫无价值。他根本不可能发现自己具有哪些了不起的重要品质。我坚信，我们的学校正在造成严重的人才流失和社会损失：我们没有告诉孩子们他们是多么出色，他们的优势是多么宝贵——无论他们的物理成绩如何。

我的愿望是让每个孩子在毕业时都对自己充满信心。不幸的是，就目前的形势来看，这只属于上文描述过的善于学习并因此取得好成绩的孩子。

发挥优势，弥补短板

推行"强化优势"教育方法的另一个重要原因是，通过发挥优势，可以弥补孩子的一项或多项弱点。对此，学习治疗师黑尔佳·布罗伊宁格（Helga Breuninger）博士就有一个来自日常生活的例子。黑尔佳经常负责处理一些非常棘手的案例，例如，有些厌学的孩子上课不学习，只想捣乱，有时还会变得暴力，甚至连课都拒绝去上。这种孩子几乎已经属于完全被老师放弃的行列。蒂姆（化名）就是其中之一。虽然已经上了四年级，但蒂姆竟然还不认字。他的母亲已经濒于绝望。黑尔佳问她，这个男孩通常喜欢做什么。她说："他喜欢打乒乓球。"这是他的课余爱好之一。于是，黑尔佳就和他打了两个小时的乒乓球。蒂姆虽然不想和她说话，但喜欢和她一起打球，而且他的乒乓球水平确实不错。

因为这是他特别擅长的运动，因此他很快就发现黑尔佳反手打球无力。那么他是怎么做的呢？蒂姆很聪明，他侧重对她的反手进攻——当然，他很快就赢了一次又一次。

就这样又打了一会儿，黑尔佳中止了比赛，向蒂姆解释说，他显然已经准确找到了对手的弱点，并为此调整了自己的比赛技巧。她告诉蒂姆，他这样做相当聪明。这就是她告诉一个男孩的话，而这个男孩多年来听到的都是自己什么都不会，自己又做错了某事。只有这位治疗师第一次向蒂姆指明并解释了他的优势，同时还补充说："我们可以充分利用你这种能力，把它用在读书和算术上。"这是黑尔佳常用的教育方法，她善于启发孩子发现自己的优势所在，然后再让他们学会在不同条件下如何正确利用这种天赋。

总而言之，有时候必须深入挖掘孩子们的潜质，直到发现他们的强项为止，只要坚持下去，迟早能找到我们要找的东西。一旦采用这种教育方法，我们就会发现孩子取得成功的速度很可能快得惊人，前提是需要关注他们的优势，而不是总是试图消除劣势。因此，发现孩子擅长的强项并且跟孩子密切合作至关重要。只有让他们认识到自己拥有的优势，孩子们才能充满自信地迎接挑战。

你的优势是什么

当我跟一个孩子或者一个班级开始合作时，我提出的第一个问题通常都是：你的优势是什么？

直到今天，还没有任何孩子能第一时间说出自己的优势——无论他多大或者上几年级。有时候，我在等待片刻之后，也能听到一个犹豫的声音："我其实很擅长……"

我认为，孩子们无法说出个人优势是当今学校教育（在某种程度上也是父母教育）的一个明显缺陷。事实上，一个孩子在学校多年，需要记住的繁杂知识不计其数，但没人能列出他所具有的十个优点——这就是问题所在。为此,我有必要在开始合作时,向孩子们分发我制作的优点清单。

优点清单[1]:

A:稳重,专注,坦率,坚毅,正直,勇于探索,细心,机警,适应性强

B:沉着,可爱,清醒,坚定,有恒心,谦虚,吃苦耐劳,谨慎,自制,不屈不挠,热情洋溢

C:充满魅力,风度翩翩,精明,很酷

D:守纪律,有承受力,执行力强

E:诚实,敏捷,高效,充满活力,想象力丰富,优雅,感情细腻,有责任心,独立,有创造力,轻松,严肃,勇敢,敢于创新

F:敏感,思维活跃,直爽,热心,灵活,机敏,公正,快乐,无畏

G:好客,有教养,有耐心,感情丰富,神秘,有趣,镇静,耿直,有正义感,机智,善于交际,善良,慷慨,缜密

H:开朗,真诚,乐于助人,有奉献精神,幽默

I:直觉敏锐,善于创新,做事投入,灵感丰富,善于思

---

[1] 每个字母后面所列的单词在德语中均以该字母为首字母。

考，做事积极主动

K：妙语连珠，有活力，有独创性，健谈，思路清晰，聪明，有勇气，客观理性，坚持不懈

L：活泼，热情，有爱心，包容，身手敏捷，乐观，忠诚，爱学习

M：有音乐天赋，果敢，活力十足，有同情心

N：落落大方，宽厚，爱动脑筋，热爱自然

O：坦诚，豁达，正派，坦诚，有组织能力

P：周到，做事踏实，机灵，有责任感，创意无限

Q：活跃

R：热爱冒险，脚踏实地，反应敏捷，善于思考，成熟，安静，审慎

S：温和，朴实，自主，无私，敏捷，反应快，自信，热爱运动，积极主动，用心，社交能力强，有语言天赋，坚强

T：宽容，思想深刻，有朝气，体谅他人，充满激情，有团队精神

U：活泼，口齿伶俐，考虑周密，不因循守旧，忘我，风趣，勇往直前，单纯，刚正

V：使命感，值得信赖，亲切友好，善解人意，可靠，有预见性

W：求知欲强，诙谐，大度，聪慧，刚毅，热切，有远见，

忍耐力，有包容性

Z：坚忍，干劲十足，彬彬有礼，可靠，和气，顽强，胸
　　有成竹

　　我通常会要求孩子们先通读一遍清单，并用铅笔在自己可能具有的优点下画线。然后，再让他们跟同桌或朋友交换彼此的清单，让对方标出他们认为自己可能具有的优点。

　　完成之后，孩子们将做过两次标注的优点清单交给各自的父母，同样让他们再次标出（在他们眼中）自己孩子所具有的优点。以此类推的话，如果能把这份清单交给你所在的运动队教练或你最喜欢的老师，也同样值得鼓励。这样就可以在短时间内，汇总成一份至少列有 10 到 20 个明显优点的清单。

　　一旦列好这份清单，我会让孩子们进行各种练习。例如，让各个年龄段的孩子们根据各自的优点写出："我勇敢又自律。我遇事冷静，我……"

　　还有一个值得推荐的练习是"画太阳"，就是把孩子的照片贴在太阳图案中间，然后在每道太阳光线旁分别写下他所具有的一个优点，构成一个充满优点的太阳。在我的照片墙页面上，可以看到不计其数的这种太阳。而且，我认识的一些教师如今在家长会上也要求家长们根据优点清单为孩子画出这种太阳。

　　家长把所有太阳都画好之后，教师再将这些画挂在教室的

墙上。第二天早上,当孩子们走进教室看到挂满优点太阳的墙壁时,他们肯定会眼前一亮,因为这些太阳象征着他们拥有的优势。尽管今后教师在教室里仍将继续纠正孩子们的错误或者批评他们糟糕的成绩,但墙上的太阳可以让人一目了然:这里的每个孩子都有很多优点。

激发孩子的优势

我希望通过这种练习,让所有孩子尽早发现自己所具有的优势。这让人想起本章开头提到的话:"浇水就会生长。"

只有认识到自己的优势,才有可能进一步提升这些优势,从而实现取长补短。因此,从一开始就发现并完善自己的优势,比寒窗苦读13年,拼命在15个不同科目上取得中游分数更有意义。

我想在这里向所有家长再次提出那条建议:如果你的孩子拉丁语不好,但数学很出色,那就应该为他加强数学辅导。毕竟,如果从一开始就专注培养一个具有数学天赋的孩子,他一定会前途无量的。

如果我们能长年累月不断激发孩子的这种优势,而不是每次都带着愉快又习以为常的神情接受孩子的出色数学成绩——"不错,你数学很好,但很可惜,拉丁语只得了5分!"如果我们抑制住这种表达方式,从一开始就发挥孩子的数学天赋，那他该是多么出色！说不定他会成为数学教授，或者航天科学家。

在巴伐利亚州，如果一个孩子有两门课考了低分（5分），无论具体是哪科，他都必须留级。也就是说，即使他的数学、物理、化学和生物都考了最高分（1分），但要是拉丁语和音乐只有5分，他也只能留级——哪怕这个孩子长大后可能是物理学、生物学、化学的诺贝尔奖获得者，或者成为数学家。我认为这实在有些荒谬，因为这会让这个天才的孩子陷入深深的自卑："我只是个留级生！"

对我来说，更深层次的问题在于这种教育方法给孩子造成的后果：由于多年来一再面对各种负面信息，孩子们只能专注于自己的弱项，同时难免忽视自己的优势。我们每个人可以回忆一下自己的童年：我们大家都有过类似的经历。

也许有些人比较幸运，长大之后借助培训或从事的职业，或早或晚终于发现并提升了自己的优势。但也有很多人说过，这条发现个人优势并由此重建自信的道路实际上异常坎坷。

此外，还有一个论据能够支持我的观点：人们在同学聚会上经常可以发现，毕业后多年，当初成绩最好的人往往不是最成功的人。因此，我想大声呼吁：请认真看待孩子们的长处！家长朋友们应该不断让孩子认识到自己的优势，不仅应该和孩子共同寻找优势，还应该花费至少与纠正错误和改善弱项一样多的时间精力来提升这些优势。

圣诞老人的来信

圣诞老人的来信同样也是发现和提升孩子个人优势的理想方式。也许您早已听说过圣诞老人来信的古老习俗了。平心而论，我始终认为这个风俗其实起源于德国南部。

在传统习俗中，这种信件需要列出孩子在过去一年中做过的"好事"和"坏事"。我觉得这其实是个不错的机会，应该将圣诞老人来信用于优势教育。

孩子一旦做错了什么，他自己往往会很清楚——这一点我非常肯定。孩子经常听到来自四面八方的各种指责，被批评的次数已经足够多了，如果现在圣诞老人也开始批评他们，而且是在公开的信件中，这对孩子来说是非常伤人的，具有羞辱性。而与此同时，孩子对自己做对的事却浑然不觉，因为很少有人告诉他，因此他的优势几乎得不到任何"浇灌"。

在起草圣诞老人来信时，有一点特别重要：在描述孩子所具有的抽象优势时，应该列举一个具体的实例。比方说，对孩子来说，"勇气"指的是什么？这毕竟有些抽象，因此这类措词需要具体化的解释。应该通过具体化的描述，让即使非常年幼的孩子也能听懂一些关于个人优点的词语，例如"机智"或"想象力丰富"。因此我经常在这种信中采用一种具体的表述方式："你……（具备某种优点），我注意到你……（在某种条件下或在某种活动中如何）"

为此我可以举两个例子:"在做手工时,我就一再为你的丰富想象力惊叹不已。你从不拘泥于任何模板,而是不断加以完善,因此你总能够做出独具创意的作品。"

或者:"当你哥哥生病时,我们不得不花费很多时间在医院里,经常留下你独自在家,但我发现你非常懂事,在任何事情上都把自己照顾得很好,这一点让我特别放心。"

我在这里给父母提个建议:每次写信之前,先写出孩子的十个优点,然后再回想一下孩子表现出这种优点时的具体场景,根据上述模板写出圣诞老人的来信。在我的照片墙个人页面上有很多这类信件的优秀范本。

当然,这种信件也可以作为送给孩子的特别生日礼物。说不定这会形成一个传统,让参加生日派对的每位客人都带一封写有孩子优点的信件。为什么不呢?

还有种方法:热水澡式鼓励法

这种"热水澡式鼓励法"在小组活动中格外有效。在小组中选出一位成员,然后让其他成员围着这个人说出他所具有的优点,用这些话语给他洗个心灵上的"热水澡",例如:"你乐于助人""你擅长体育""你有正义感,感情细腻,很酷"……

我有一位当教师的朋友,甚至曾经将一个真正的淋浴喷头带到了教室。那天是一个孩子的生日,于是大家就让他坐在中间，由一位同学在他头上举着这个喷头，所有其他同学用温暖的话语为他来一场"淋浴"。这难道不是一个很棒的仪式吗？

小结：每个孩子都有自己的优势

无论孩子在学校排什么名次，让他知道自己的优势都极为重要。每个孩子都有自己的优势，对此我深信不疑。

家长朋友们应该主动探寻孩子的这些优势，同时还应该认识到，无论在学校的具体成绩如何，他将来都可以凭借这些优势拥有幸福的人生（或者职业）——前提是必须让孩子发自内心地相信自己，并相信自己具有的优势。否则，孩子在离开学校时就会认为自己一无是处，然而不幸的是，这种情况实际上经常发生。与某些科目的成绩欠佳相比，这种自卑感对孩子更有害。

第七章 家庭作业的理论

家庭作业经常影响家庭和睦

这一节的标题可能听起来有些偏激，但不幸的是，这确实是许多家庭不得不面临的现实：家庭作业经常会引发争吵、恐慌和烦恼，让人大发雷霆或泪流满面，更重要的是，还会破坏家庭和睦。

家庭作业确实会带来各种问题。首先，家庭作业意味着将在学校所学知识的练习时间转移到了家里。

其实仔细观察就不难发现，孩子们先是在学校学到了课本上的知识，然后又在学校对这些新知识稍加练习了一下——但并不够深入，只是处于随时可以激活调用的状态。随后，重要的练习任务被转移到了家里。我认为，如果想让孩子们真正掌握并学会运用这些知识的话，增加在校练习时间比传授知识重要得多。因此，我始终反对我们把至关重要的练习时间拖延到家里。

让孩子们进行练习或者在监督下练习，远比拼写测验或抽背知识更重要。但是，如今的学校把大部分时间都耗费在后两点上，对关键的练习明显重视不够。对此我可以举例说明一下：比方说在一次讲座中，我听到某些内容，感觉对自己很有启发，也许在当天吃晚饭时我还会谈起它，但我发现自己复述得已经不算太准确了，等再过几天，我就几乎忘得一干二净了。

换句话说，单靠传授知识无法完成学习。学习更应该依靠活学活用以及个人的二次创造，也就是对学习材料进行灵活复述。只有在很多天甚至很多个星期内都能做到这一点时，我们才能说自己已经真正学到某些东西了。否则，一切学习都只是短期记忆。

因此，我认为练习比单纯传授知识更重要。因为，虽然知识在纯粹的传授过程中经常听起来头头是道、逻辑严谨，但是，人们只有在实践中才会遇到书本上没有的真正难题。只有面临具体任务，各种问题才会纷至沓来。此外，任何人在进行练习时，都会不可避免地犯下一些错误，由此才能从中学到比单纯听课更有益处的东西。不过，首要的前提条件是必须有人具备解答相关问题的能力；其次，还需要有人能够发现错误，并提供建设性的解决方案。只有在这两个条件都具备的情况下，才能实现理想的学习效果。

这一规律在数学领域体现得格外明显。很多孩子都在学习数学时遇到过困难。尽管有些人存在先天性"计算障碍症"的特殊问题，但是，大部分学数学吃力的人其实只是缺乏练习。

如果数学练习无法在学校进行，而是必须转移到家里，那会发生什么？首先，这显得有些不公平，因为对孩子来说，每家每户的学习环境千差万别：我家是否有一个安静的学习场所，可以让人安静地练习？我有没有足够的时间？家里有人能督促我练习吗？有人能监督我或者解答我的问题吗？抑或这些条件都没有？

有些人家里可能具备所有这些条件，而有些人则没有。在新冠疫情期间，有无数孩子在家里上课，既没有安静的学习场所，也没有长时间的上网条件，更不用说可以帮他们完成家庭作业的人了。结果，他们在家上课期间几乎什么都没学到。很多孩子在学业上甚至出现大幅倒退。结论显而易见：是家庭作业恶化了教育不公平的现象。

事实上，强制要求孩子在家里完成作业，不仅对教育条件差的孩子来说是个问题，对上班族也是个棘手的问题，因为很多孩子的父母双方都从事全职工作，下午根本没时间监督孩子做作业。对父母双方都是下午 5 点下班甚至工作时间更长的孩子来说，这是一个大难题。这些父母下班后不得不去购物，准备做晚饭，因此不难理解，他们到了晚上几乎没力气，更没兴趣和精力关心孩子的地理课或枯燥无味的诗歌背诵了。至于那些上夜班的父母,这些事情就更别提了。

因此,学校布置的家庭作业和学习任务经常被拖延到周末。于是,这相当于偷走了孩子们最重要的家庭团聚和休闲时间。难怪孩子们对家庭作业的不满和反感与日俱增(实事求是地说,他们的父母也不例外)。那么还能怎么办?去作业辅导班呗。

关于监督做作业的问题

在父母都是全职工薪阶层的孩子中,有很多人只能选择去作业辅导班完成作业。然而遗憾的是,很多辅导老师完全是业余水平。

在我的照片墙个人网页上,我曾经进行过一项调查,虽然不一定具有代表性,但的确是根据比较广泛的取样调查完成的——因为我拥有超过15万粉丝。我的问题是:你对孩子参加的作业辅导班是否满意?有80%的受访者表示很不满意,原因是在大部分时间里,所谓的作业辅导班只不过就是帮忙看孩子而已。

这些态度友好但未经训练的辅导老师在一个房间里负责监督20来个孩子,通常很难使孩子们保持安静,也无法解答孩子提出的问题。孩子们经常不听辅导老师的话,和同学闲聊起来，甚至朝作业吐口水，或者干脆抄同桌的作业，从而忽略了重要的练习环节。

我其实很能理解这些孩子们的举动，因为我非常了解很多作业辅导班的现状。不幸的是，只有为数不多的作业辅导班真正拥有良好的学习氛围。

很多国家已经了解真正的全日制课程应该为孩子们提供什么，其中包括高质量的校园饭菜，因为这些学校从一开始就被设计成全日制学校，为此还专门修建了厨房和食堂。而这在德国学校中非常罕见，这里通常都让孩子们在午餐时间回家吃饭。

在真正的全日制学校，除了设备齐全的食堂，还需要设立休闲室、体育场所和音乐教室。最重要的是，在孩子们进行练习时，老师们必须有能力监督他们。

但是在德国，这些并没有实现。德国的辅导班通常看起来更像是旧房改建的临时场所，让孩子们随便吃一顿加热的外卖食品，然后跑到院子里玩耍，最后再回辅导教室做一个半小时的作业。在一般情况下实行的规则无非是完成作业就可以出去玩了，于是辅导教室里不断有孩子跑来跑去。没人能在这种场所真正聚精会神地学习，更何况孩子们都喜欢跟同龄人一起玩耍，这也无可厚非。

因此，我的电子邮箱经常收到家长朋友们为此发出的绝望哀求："我该怎么办啊？孩子五点就从午后辅导班回家了，作业竟然还没做!而且经常状态萎靡,根本无法集中精神继续学习。我们不得不跟孩子费尽口舌,经常要做作业到半夜。"对于这种情况,有一句话真是没说错:家庭作业破坏了家庭和睦,实际上给整个家庭增添了负担。

对学习进度无须焦虑

不过,这种困扰同样出现在那些孩子没参加作业辅导班的家庭。因为父母有一方在家工作,他们可以在家做作业——然而每天仍然会发生争吵和冲突。

造成这种困扰的原因之一就是,如今的家庭作业往往与孩子的个人学习水平不匹配。因为让孩子学习时,必须精准掌握他当下的学习水平。只有这样,才能让孩子达到人们所说的"心流状态"(参见第三章),也只有实现这种状态,他们才能凭借自己的能力应对挑战。

因此,如果孩子感觉家庭作业枯燥乏味,通常是因为难度太大或难度太小,与自己当下的学习水平脱节。难度太大可能是由于一些小问题,例如孩子请病假落了几天课,或者,即使没有缺课,每个人的学习水平也参差不齐。这完全取决于孩子在接受和处理知识时的不同速度。但是,现有的教育体系要求每个人都必须做到同步学习,因此孩子只能面对那些难度可能超出他们能力范围的家庭作业。

如果想真正实现作业与每个人的学习水平相匹配，可能需要教师布置25种不同难度的家庭作业。这种要求当然很不现实。不过尽管如此，还是有教师尽其所能布置两到三种不同难度的家庭作业。这就是人们所说的布置作业"差异化"。但是，即使这样也达不到理想效果。我们看一个实际例子就明白了。

有一个上三年级的孩子，资质平平——我们就叫她娜迪亚吧。有一次她得了猩红热，一个星期都不能上学。而在这个星期里，学校的德语课学的是"复合词"，也就是学会将两个单词组成一个单词，例如，"Schreiben"（书写）和"Schrift"（字体）组成"Schreibschrift"（手写体）一词；"Schule"（学校）和"Haus"（房子）组成"Schulhaus"（校舍）一词。实际上，这并不是什么教学难题。不过，想对一个9岁的孩子完全解释清楚这些并非易事。因此，全班花了一星期时间介绍和讲解这些复合词，例如，其中包括：新词的冠词如何确定？并且，全班同学还练习了如何组成这些复合词。

一个星期后，娜迪亚身体康复了。她在请病假期间其实就听说过学校上的新课程，但由于卧床不起，她没有像其他孩子那样进行过任何练习。现在，当娜迪亚回到学校时，老师布置的作业就是用这些复合词写出十句话。娜迪亚该怎么办？由于缺乏练习，这个作业对她来说已经完全超纲了。因此，无论孩子的智力或语言知识如何，这项任务实际上都是超标要求。这会导致什么结果呢？

娜迪亚坐下来开始写作业，尽管她认真努力，但还是没有取得任何进展。坐在旁边的父母开始生气了，因为娜迪亚没能尽快完成作业，显得"磨磨蹭蹭"，因此他们说了这样的话："现在集中精神写作业！"或者："这也不难啊！""你只需要这样……"

娜迪亚也许是这样想的：这次的作业看上去并不难，但我就是不会做——这大概都怪我自己。对一个处于这种环境中、还不具备成长型思维（参见第一章和第二章）的孩子而言，她也许很快就会得出结论：这些复合词太难了，我根本学不会，我以后千万别接触。

这样就很容易导致孩子产生自暴自弃和厌学的心理，如果我们充分考虑到孩子在学习中遇到的实际情况，本来可以避免出现这种问题。

我们必须将学习看作一条长长的链条。事实上，知识是按照长长的序列存储在人类大脑中的，可以说是神经元突触之间的一条反应链。如果忽略单个环节，就不可能建立完整的链条，换句话说，如果缺少学习链条中的某个环节，学习将无法完成。

但是，由于缺乏时间和资源，如今的教师在备课和讲课时根本不可能考虑这些因素。尤其教师还需要兼顾大量行政工作，更不可能去专门改善自己的专业能力、教学水平和授课方式。

我们在这里讨论的内容，不应被视为意在批评教师的工作，而应该被理解为一种研究结论：善意的、哪怕是精心布置的家庭作业，不仅经常是无用的，甚至还有害处。

题外话

如何学习：烹饪与数学

有人从冰箱取出十来种食材就可以做饭，一个小时后就能做出一桌子美味佳肴，甚至不需要说明书或者任何食谱，完全凭感觉即可烹饪。

还有些人打开同一个冰箱，却在想：唉，这里就没有能做饭的东西！当然，这些人也可以毫不费力地翻开一本烹饪书，了解所需配料，列出一份相应的购物清单，购买合适的食材，然后一步步按照食谱的说明进行烹饪，最终也能将一桌同样美味的菜肴摆上餐桌。

实际上，学数学的过程也是如此。对有些人来说，依靠直觉就能学好数学。对他们来说，只需演示一遍，就能学会该做什么、该怎么计算。他们看到眼前的任务，立即就知道用哪些方法进行运算。他们跟凭直觉做菜的"厨师"非常相似。那么，谁会成为数学教师呢？我的答案是：正是这些凭直觉做菜的"厨师"。因为，我当年为了当上德国的数学教师，必须参加大学的讲座，而这些讲座也是为普通数学专业的学生设立的。在一般情况下，只有那些从小就觉得数学很容易学的人才敢参加这些讲座。

以我个人为例，我之所以成为一位优秀的数学老师，是因为我能用大部分孩子都能理解的方式解释数学。但是，我当初并没有上大学进修数学的梦想，那我为什么还能成功地讲好数学课呢？因为我属于那种按照食谱做菜的厨师，借助长时间的研究，慢慢地训练自己，从而在某些数学领域也能像靠直觉烹饪一样熟练。很多孩子只需要上一堂数学课，就能像按食谱做菜一样熟练，而不是站在冰箱前一筹莫展。

不过，在正常情况下，孩子们上数学课都是从一个（通常都比较牵强附会的）问题开始的，例如："马克斯和艾达想计算抛物线形喷泉的高度。"

为此需要引入一个数学公式，通常都能推导出答案，但是，也就在这个时候，我们已经失去了食谱厨师。因为既然提出这么难的问题，孩子们就很难发挥自己的天赋。在培养孩子学数学时，我认为应该这样告诉他们："我们想计算出抛物线最高点的位置。为此，你需要下列'原料'：数字和公式。把数字填到这里，按……进行解析（解说这个计算过程几乎跟查阅烹饪食谱差不多），于是你就可以得到答案了。"

我保证，任何孩子都会对这种授课方式感兴趣，并由此学会计算——即使他们缺乏对这种计算方法的深刻理解，甚至不会推导计算公式。这些小厨师有时必须按照要求将一道菜烹饪

20遍，直到某一刻他们抬起头来，两眼放光地说："现在我终于明白了！"

我认为最根本的问题在于，我们迫切需要对数学课的教学法进行改革（感谢上帝，有个别教师已经开始着手实践了）。

关键点

实际上，我们这一章节的主题是家庭作业，但这段小小的题外话可以帮助大家理解为什么家庭作业有时会如此有害，尤其是在数学方面：因为它们按照"食谱"的二次烹饪被转移到家里，并由业余厨师负责，而且在大多数情况下，这些家庭根本就没有掌握具体的分步说明，也不可能对每个步骤加以监督。在上午听课时，这些孩子甚至很可能感觉自己能听懂数学老师讲的内容。但是，再过几个小时，当他们坐在书桌前打开课本第67页，通读第2项作业时，剩下的就只有问号了。但这并不是孩子的错。

我们终于说到关键之处了：孩子们的自学能力以及在数学中不可或缺的练习至关重要。特别是对于数学，孩子进行练习一定要有人全程陪伴。就像明星餐厅的厨师长在厨房里总是站在学徒身后，指导他们完成每个关键步骤。因此，我非常喜欢能够布置家庭作业的数学学习程序。这类程序在运行中能分为小步骤，重要的是，还能识别练习内容中的错误。程序不仅会说"结果错误",还会给孩子干货十足的反馈意见:"你忘了加括号"或者"幂函数使用错误"。这种直截了当的反馈方式有助于让孩子们独立学习,即使在家也能安心练习数学。

否则,孩子身边就应该有人陪同,一步步指导学习,需要有人告诉他在计算时应该怎么做,这样孩子才能从头开始练习,然后在完成8至10道计算题之后真正获得一种成就感。但是,能否真正做到孩子身边有人陪同,取决于父母的可支配时间、知识面以及经济能力,因此我们不得不回到本章开头的困境:家庭作业恶化了教育不公平现象。

因此,我们早就该反思现有的教育体系了,应该尽快加以调整,适应现代生活的现实情况。不能让父母(通常是母亲)为了下午监督孩子做作业,就背负多年在家的义务,或者只能选择兼职工作,也许只有在一个人的薪水就足以养家的情况下,这种要求才能实现。

即使有些家庭有能力也有意愿选择这种陪同模式,我有时也会听到其他人对这些家长横加指责,例如称其为"直升机父母",或者说"过去的孩子都可以独立完成!"之类的话。可是,事实真的是这样吗?

"过去的孩子都可以独立完成!"

我很确定,这种说法是完全错误的。在过去,孩子们做作业无人监督,这实际上造成了巨大的学习差距,导致孩子们对某些科目产生厌烦情绪,而这些科目其实只需要加强练习即可。与今天唯一的区别是,当年只有少数人关注过这种不满情绪。

因此,我特别欣赏那些成为孩子坚强后盾的父母,还有那些从不责备孩子在学校遭受失败的父母。这些才是真正能够帮助孩子在学校取得成功,并且在学业上稳步进步的父母。当然,我也知道很多家长由于职业原因无法做到这些,为此我深表遗憾。但同样遗憾的是,很少有孩子能够在没有家长陪同的情况下独立完成家庭作业,如果有人对此只是耸耸肩,冷嘲热讽地说"也许这些孩子本来就考不上高中!",那就大错特错了。

因为这通常根本不是孩子的错,而是由老师的(直觉式)教学方法、未能解决或者未能全部解决孩子之间的学习差距的问题所造成,或者仅仅是孩子请了几天病假,迫切需要辅导功课而已。

既然把本书捧在手里,我估计你肯定很想知道如何正确陪伴孩子完成作业。多年来,我陆续研究出好几种合理安排作业时间的方法和窍门,可以让孩子们在最短的时间内完成学习任务,并尽可能取得最好的学习效果。而这正是下一章的内容。

第八章

家庭作业的实践

家庭作业偷走整个下午

在处理学校事务时，家庭作业可能是最让人心烦的话题：孩子们牢骚满腹，父母们心力交瘁，经常气得泪流满面，门被摔得砰砰响。我在上一章就提到过，我反对家庭作业，希望为孩子们找到一种不同的学习方法，为取得学习上的成功提供更好的保障。

从理论上讲，如果孩子们都适应在家独立做作业，那当然再好不过了。但根据我的经验，学校如果能布置手工项目、主题演讲或者让学生自选的"重要任务"，应该比家庭作业更有效果——因为家庭作业经常让人感觉只是为了完成而完成，而不是老师指望能通过做作业让你达到什么学习成果。

不过，鉴于家庭作业如今已经成为学校生活的一部分，并且经常会造成各种挫折和冲突,因此接下来我想详细探讨一下相关问题。

作业量以及孩子完成作业所需时间(两者不一定相关)取决于各种因素:学校、班级、联邦各州情况、教师、孩子的年龄,这些因素可能千差万别。

孩子们在完成作业方面的情况也各不相同:有些人可以在短时间内完成相对较多的任务,而大多数人则需要更多时间才能完成大量作业。还有些孩子即使只做少量作业,也必须在书桌前煎熬好几个小时。

很快就能完成的少量作业自然不会造成什么问题。

如果作业数量比较多,孩子们可以直接向老师反映,或者将此作为家长会的重要话题。

我更为关心的则是第三种情况:作业量实际上比较合理,并且也适合孩子的年龄段,但孩子仍然需要埋头做上很长时间,甚至需要整个下午才能做完。

不管怎么说,看看您所在的州对家庭作业的要求肯定会有所收获。有些联邦州对此做出过明确规定,例如北莱茵-威斯特法伦州和下萨克森州就规定过,一年级和二年级的学生每天做作业的时间不得超过30分钟。

因此,一旦您认为自己孩子最近的作业量远超过一年级学生在半小时内的规定标准,那么我敢肯定,您会和其他家长共同探讨此事,并通知班主任。教师经常忽视同事们布置的巨大作业量（其实他们只是没时间相互协调而已），因此，各科的作业量看上去并不算多，但累计起来就像一座大山。教师们通常会对家长的这种反馈表示感谢，毕竟他们不可能亲眼看到孩子回家后在桌边的煎熬场景。

如果孩子们反复经历这种"家庭作业偷走整个下午"的情况，那么可以想象的是，他们过不了几个星期就会对此产生反感情绪，而这种情绪很快就会影响到孩子对学科本身的看法，甚至对整个学校的看法。这种情绪波动将非常戏剧化，例如，一个孩子英语作业完成得很不顺利，于是他很快就对学外语本身失去了兴趣。

实际上，算数学题对孩子们来说并非没有趣味性，因为这可以让他们获得巨大的满足感（前提是数学题与其知识水平相匹配）。但是，如果在做题时，身边的小朋友们都已经在户外尽情踢足球了，那孩子可能很难真心喜欢这些作业。为此，我希望家长朋友们对儿童的心灵世界给予更多理解。

孩子们的童年时光毕竟只有一次，任何能忆起童年的人应该都非常清楚，跟其他同龄人在树林里玩耍或者在操场上欢聚是多么重要，相比之下，数学书上的无聊算术题是多么不值一提。

因此，让孩子在下午或晚上找到合适的时机完成家庭作业绝非易事，因为这首先需要在孩子内心实现相关条件，即心平气和，精力充沛，注意力集中，这样才能确保他认真做作业。这也引出了我对完成家庭作业的第一个实用建议。

步骤 1：确定做作业的时间

您小时候肯定听说过这句谚语："先工作，后娱乐。"也许你的父母只是禁止你在完成作业之前跟朋友们见面。当然，对于那些从不发愁做作业，并且可能 10 分钟内就能做完作业的孩子来说，这种禁令不算什么。

不过，根据我的经验，这种学霸最多只占学生中的 30% 到 40%。大部分孩子放学后首先都需要安安静静吃点零食，休息片刻，按个人爱好玩一会，跟朋友见个面，吃晚饭，然后才能坐下来做作业。做作业的时间通常需要半个小时或一小时。

我曾经见过有些孩子甚至需要花费 3 个多小时做作业，因为他们被迫在午饭后就要立即做作业。但是，如果在吃早饭时告诉他们必须做完作业之后才能上学的话，他们肯定能 20 分钟内全部突击完成。

不过，在我看来，利用下午的空闲时间做家庭作业也有可取之处：孩子们做完作业后就可以适度放松一下，自由地玩耍，无须考虑是否还有没完成的作业。我只想说，每个孩子早晚都能找到最适合自己做作业的时间和地点。

对此，我希望所有父母有朝一日都能意识到，世界上不存在能够适用于所有孩子的规则，也不存在任何对所有孩子都同样有效的诀窍。

找到最适合做作业的时间

如果您无法确定下午早些时候是否应该让孩子做作业，可以试试下面这种方法：让孩子连续一星期在晚饭前做作业，然后在接下来一星期里只在晚饭后（睡觉前）做作业，到第三个星期时，就可以让孩子完全自主决定什么时候做了。

有些家长可能会惊讶地发现，只需要让孩子在这个关键问题上进行自由选择，就可以一下子让那么多争吵都消失了。同样让他们惊讶的是，自己的女儿已经成为一个很有责任感的二年级好学生，有能力合理安排自己在下午和晚上的时间，确保顺利完成作业。

因此，您应该跟自己的孩子一起规划合理的做作业时间。在此过程中，你们需要共同提出并回答下列问题：

- 我今天能集中精神学习吗？
- 如今我们为家庭作业引发的争吵是减少了还是增多了？
- 如何将做作业的时间融入全家人的日常时间安排？
- 家庭作业是否正确、有序地完成了？

这种方法只要实行几个星期，您就可以更准确地掌握孩子做作业的具体情况。虽然我们认为最适合让孩子做作业的时间是午后，但他们现在已经具备更好的理解能力，也更愿意合作了。因为，首先要允许孩子们自主做出决定，其次应该注意的是，孩子到了晚上很可能无法继续集中精神学习了。另外，还有些孩子已经自觉意识到，如果家庭作业还没有完成，自己其实就做不到真正的放松，更不可能享受下午的空闲时光。

总而言之，请允许孩子在任何非常规的时间段做作业。对每个时间段都可以尝试一个星期，同时跟孩子一起总结经验，直到确定该时间段对全家人来说都是最合适的作业时间。

当然，具体的做作业时间也可以根据每天的情况随时变化。平心而论，我个人并不支持这种随时改变的做法，因为我比较相信仪式感的力量，并且看重稳定的做事顺序。缺少仪式感和做事顺序，家庭作业可能会耗费更多精力，因为你每次都必须从头努力，不知不觉就拖延下去（"哦，我等会就做。"参见第四章）。因此，我郑重建议家长应该跟孩子共同确定一个固定的家庭作业时间。

步骤2：设置听觉启动信号

让我们设想一下：如果您这样尝试了几个星期，然后通过跟孩子进行交流，最终将14点半定为开始做作业的时间。于是，您希望孩子一到14点半就会准时坐到书桌旁，准备好所有学习材料，精神抖擞地开始学习——这些真能实现吗？可能还不行。

更有可能的是，父母很快就会生气地站在孩子的房间门口,尽量克制着怒火下命令:"你早就该出来了!快点做作业吧!"

我们可以设身处地站在孩子的立场想:如果我们的生活伴侣也这样站在门口,脸上略带愠怒的表情,要求我们完成一项让人煎熬的任务,难道我们真的会很情愿吗?不,我们肯定不会有什么兴趣。那么,为什么我们要求孩子的反应会有所不同?如果以这种生硬的方式开始学习,那接下来的作业时间肯定会存在很多潜在的风险:在一般情况下,最起码少不了一场争吵。因此,对我来说,作业时间有一个良好的开端格外重要。那么,该怎样设计一个良好的开场方式呢?比方说,可以用歌曲。

开场曲

我建议选择一首2到4分钟长的歌曲作为开场曲,用欢快又充满动感的音乐宣布家庭作业时间的开始。例如,我采用的就是电影《加勒比海盗》的主题曲(da-da-damm-damm—da-da-damm-damm...)。只要听到这个旋律,就没人能继续坐着无动于衷了。

当我们在房间里尽情感受音乐的力量时,接下来就应该跟孩子练习一下听到这首歌曲时应该做什么了。我通常都是这么做的:先喝一杯水,如果需要的话就上一次厕所,但无论怎样都不能拖延时间,收拾好自己的物品(书、笔记本、笔袋、三角尺……），然后在餐桌旁的固定位置（其他位置也可参见下文）坐下。这样做的目的是通过仪式化的行为方式，让头脑牢记这种听觉上的启动信号。

这种方法在首次使用时的作用可能不明显。不过没关系，重要的是别把时间浪费在讨论是否做作业上（其实这正是我们尽力避免的），而是重新站起来，微笑着说："好吧，我们干脆再试一次。"其中最重要的是，应该让孩子把整个过程看成一次有趣的挑战，教他学会正确做事的方法，在听到开场曲的最后一个音符时，就应当准备就绪，坐在桌旁开始做作业。

即使您必须将这首歌播放五次之后才能让孩子做作业，我也衷心建议您最好尝试一下，因为这首开场曲——根据上百位父母的经验之谈，我可以非常肯定地推荐这首歌——具有改变家庭生活的神奇力量。比方说在我收到的无数邮件中，就有一封是这么说的："卡罗琳！我不知道该怎么感谢您。这首开场曲解决了大麻烦。自从采用这个方法之后，我的孩子一直能够准时开始做作业，家里再也没有抱怨了，而且孩子的完成速度也快了许多。再次谢谢您！"

开场曲播放列表

当然，也许这首《加勒比海盗》主题曲并不一定适合每个孩子和每个家庭，所以我在我的照片墙社区创建了一个"开场曲播放列表"。在这个播放列表中，我从网友上传的上千首曲目中选出了60多首充满动感和活力的开场曲，足以鼓舞孩子的斗志。喜好不同的各年龄段的人都可以找到适合自己的曲目。在Spotify网站输入我的名字就可以找到这个列表（还包括精华版播放列表，稍后会详细介绍）。您可以跟孩子一起将整个播放列表听一遍，然后再协商确定选择哪首作为开场曲。

如果您的孩子在振奋人心的开场曲中坐到书桌旁，这就意味着可以开始做作业了。于是问题来了：作业到底该怎么做？

步骤3：规划家庭作业时间

现在，我们已经完成前两个重要步骤：第一步是确定做作业的合适时间，第二步是为作业时间设置固定的听觉信号，为家庭作业增添乐趣。现在需要进行第三个重要步骤：规划家庭作业时间。

为此，一方面需要了解待完成的作业概况，另一方面还需要安排做作业的合理顺序，最后为各项任务以及整个作业时间设定时间框架。例如，可以按下文进行规划。

让孩子打开作业本，浏览一下学习任务：德语课需要做一份作业；常识课需要更新笔记；数学课需要计算第79页的2、3、4题，还要写在作业本上；宗教课需要画一幅画。此外，还有一系列家庭作业之外的学习任务，例如为下次听写或者词汇测试复习单词。

让我们数一数：总计有 5 项学习任务。由此我们可以对接下来的学习进程一目了然。那么现在该干什么？

实事求是地说，这 5 个任务本身的难度都不算太大，但对一个孩子来说，这么多任务加起来可能看起来像一座无法逾越的大山。

作为家长，您的任务并不是带着孩子翻山越岭，而是将他们的登山任务合理划分出不同阶段和休息时间，让他们有能力自己登上山顶。这可不像想象的那么简单。许多家长甚至曾经问过我，能否让他们帮孩子做作业，帮到什么年龄或帮到几年级。

对于第一个问题，我认为这应该取决于家长帮助孩子的具体方法。对于第二个问题，家长帮到什么时候则应取决于孩子的实际需要。我的观点与人们常说的建议不太一样，例如："从四年级起孩子就必须独立完成作业了。父母最晚到这个时候就必须停止帮助孩子。"每当我听到这些所谓建议时，只能无奈地付之一笑。

这就像某些父母，他们认为"孩子到了一定年龄就肯定会走路"，于是就自作主张卖了婴儿车。当然，确实有孩子从第一天起就能独立处理好自己的家庭作业。如果您的孩子真是这样的话，那我倒很想衷心建议家长朋友不要横加干涉。

不要干涉孩子做作业

有很多家长在内心深处对上学很感兴趣，因为他们很想再次让生活焕发光彩，特别向往写一手规范的字体，或者算出超级简单的数学题。尤其是我们这些对学生时代有着美好回忆的人，感觉孩子上学像是自己迎来了一场"文艺复兴"，例如为了孩子的艺术课，家长们兴致勃勃地寻找各种素材，认认真真地帮着粘贴作品。

但是，如果一个孩子非常具有独立性和责任感，可以独立完成家庭作业——即使没有父母预期的那么出色，我仍然想强烈建议：在这种情况下千万不要干涉孩子做作业。

从孩子的角度来看，父母弯腰指出作业本上的错误就已经算是一种干涉了，更有甚者还会从孩子手中夺过笔，亲自演示如何做得更好，或者反复询问孩子某道题是否做对了，是否完成了——这些都属于典型的干涉行为。

有时候，父母只需这样干涉几次，就足以让孩子感觉到：唉，这看起来根本就不是我的作业，干脆让妈妈或爸爸对此负责吧，因此，我什么都不用做了，也许可以高枕无忧了呢。

因此，父母应尽可能避免干涉孩子，因为有独立性的孩子对您来说应该是如获至宝，贸然干涉很容易干扰甚至抹杀这种独立性。在一般情况下，孩子自己想做并且可以独立处理好的事情，就应该属于他能自己承担的责任范围——而且也只属于他。

不过，既然您正在读这本书了，那就说明您的孩子十有八九并不是这种"独立型选手"。其实这也不算什么坏事，因为这至少证明您的孩子今后如何成长尚未注定。

作为父母，我们在观察孩子以及他现在面临的问题时，或者确切地说，观察他目前的成长阶段时，经常会做更具前瞻性的长远打算，同时对他能否按这种学习方式顺利拿到高中文凭或其他文凭充满忧虑。

我从事青少年教育工作已经有 18 个年头了，我当年教过的 10 岁孩子，如今已经 28 岁了。因此，我完全可以估计出那些在五年级"甚至不会做作业，不会任何拼写，根本坐不住，而且动不动就把一切都搞砸了"的孩子长大后会变成什么样子。

我劝您少安毋躁：这些孩子都已经长大成人，学有所成，其中甚至包括一个连我当年都不看好的学生，因为他在六年级考试时竟然得过 8 个 5 分和 2 个 6 分，在学业上的落后程度导致他留级一年都毫无起色。然而，他最终还是从高中毕业了（成绩不算太出色，但毕竟通过了考试），后来他又在大学取得了设计专业的学位。如今，他已经是一位特别成功的产品设计师。

因此，如果您的孩子目前在功课方面和自我管理方面遇到了困难，我想真诚地告诉您：这根本就不会影响孩子的未来。当然，我也不建议家长对此无动于衷。很显然，您的孩子非常需要您的支持。就像我刚才提到的那些长大后都很成功的孩子，他们当年无一例外地都得到过父母的支持，因此才能在短短几年内逐一解决了起初看似无法克服的问题，并且很快掌握了独立学习的能力，最终顺利完成了各自的学业。

因此，我想提醒所有家长朋友们：如果您的孩子做不到某件事，首先，不要绝望，而是要用成长型的思维方式不断提醒自己（参见第一章和第二章）："我的孩子只是暂时做不到——但他一定能学会。"其次，不要对孩子放任自流。最后，不要减轻孩子应完成的任务，正确的支持方式应该是让他有能力独立处理好学业，例如，帮孩子规划好家庭作业。我这样分析应该能明白吧？

如何制订学习计划

第一个核心要素是学习计划。学习计划应该成为完成学习任务过程中的详细时间表。制订这种计划可以为孩子提供努力方向和总体规划，其中需要回答三个基本问题：

- 我今天应该做什么？
- 我现在学到哪儿了？
- 还有多少内容需要学习？

每项学习任务最好都划分成任何人都很容易完成的小步骤。当然，具体划分还需要根据孩子的实际情况确定。

让我们以上文列举的 5 项学习任务为例。对有些人来说，德语作业在学习计划中只不过意味着"完成一份作业"，但对另外一些孩子来说，这可能是一个艰巨的任务。因此，有必要将其划分成较小的部分，例如"做德语作业的第一行"。

刚开始尝试制订学习计划时，我建议您不要让孩子感觉负担过重。应该让他从一开始就获得积极的学习体验，并且真心实意接受这种新方法。于是您将看到，孩子在制订学习计划方面很快就得心应手了，然后您就可以一步步逐渐提高学习计划的相应难度。

学习计划的具体示例

如果想具体了解这种方法，您可以仔细看一下我手头的家庭作业范例。大家应该还记得上文的学习任务吧：德语课需要做一份作业；常识课需要更新笔记；数学课需要计算第 79 页的 2、3、4 题，还要写在作业本上；宗教课需要画一幅画。此外，还要为下次听写或者词汇测试复习单词。

现在，我可能需要将这五项任务进一步细分成十个小步骤，甚至分成更多步骤——具体如何划分取决于孩子的能力。如果我面前的孩子对学习以及任何任务都充满了强烈的抵触情绪（也许与他过去的很多经历有关——当然，这与孩子的智商或前途都毫无关系），那么我就不仅需要划分多个小步骤，而且还需要重新制订这个学习计划。新的计划应该像儿童游戏那样充满吸引力，让孩子一下子就乐意参与其中。

例如，我需要在小纸片上写下事先划分好的"学习单元"，然后将它们分配在一张大号"汽车地毯"（也被称为"街道地毯"）上。可以将数学任务贴在警察局，为考试准备复习的单词贴在机场，宗教课的作业本则可以放在火车轨道上。

于是，当开场曲（参见上文）播放完毕时，就让孩子进入房间，摆在面前的是他最心爱的汽车地毯，上面已经设置好了各种小任务。我用胶带在地毯的街道上设计出行进的方向，再找一辆带拖车的小玩具车。

同时，我们会在学习计划（汽车地毯）上的每项小任务旁边摆放一个小玩偶，例如摩比玩偶、乐高小人、思乐小动物。这样设计的目的在于让孩子沿着地毯街道驾驶小汽车和拖车，开始第一项任务。然后，每完成一项，就让孩子将小玩偶装入拖车，继续前往下一个任务。

通过这种方法，孩子此前对学习任务的抵触情绪也许可以烟消云散了，取而代之的是，孩子体验到了在每个站点收集小玩偶的乐趣。

如果愿意的话，还可以添加一个终点站，列出下午或晚上的活动计划，例如，"跟朋友一起踢足球"或"大家一起烤比萨"。最重要的是，不要将终点站视为某种奖励（参见第三章），它只标志着下午的学习告一段落或者一天学习的结束。

有创意的学习计划很有价值

我制订过很多有创意的学习计划，在这里我不得不提及我的照片墙社区，尤其是在新冠疫情居家上课期间，此类计划制订得特别多。

当然，设计这种学习计划需要花费一些精力，但我向您保证，这样做一定值得。您可能只需要花费 10 到 20 分钟时间，就可以让您的孩子在完成任务时节约大部分时间。更重要的是，这种计划带来了良好的学习体验。我们可以回想一下，孩子在学业上遇到问题时，这种体验至关重要。

孩子们普遍都会有一些关于艰苦学习的负面经历。我们无法抹去这些负面记忆，但可以用积极正面的经历来覆盖它们。所以我的最终目标是让孩子从现在起获得良好的学习体验：我能完成任务，并没有花很长时间，我从中学到很多东西，最后我非常开心，为此感到自豪，我可以带着完成的任务去上学了。

我会一直坚持制订这种有创意的学习计划，直到有一天发现孩子已经不再需要它，或者对这种计划的兴趣有所减弱。实际上，这种计划只是为初期的学习任务设计的。一旦发现孩子完全步入学习正轨，我就转换为"常规性"的学习计划（参见图表）。

学习计划

待办任务 日期

1.

2.

3.

4.

5.

我今天的心情：

我的心得体会：

有没有喝完 1 升水？

有没有到户外去？

是 否

有没有做运动？

是 否

常规的学习计划通常由五个待办任务组成。根据我的经验，五项任务是最佳方案，因为如果只有三项任务，每项任务的内容往往太过庞大；而超过五项的话任务量看上去则会太多，以至于孩子一看到它们，马上就会失去兴趣。

在学习时间开始时，我们首先要和孩子一起填写学习计划，共同讨论每一步具体需要做什么，是否已准备好所有必要的学习素材，然后才能开始。

在完成学习任务的过程中，我总是携带一个计时器，让时间显示在圆形表盘内，还可以自动返回。如果您没有这样的计时器，也可以使用免费的应用程序。

题外话

合理使用计时器

计时器是一种特别有价值的辅助工具，因为它可以帮我们和孩子将规定时间与感知时间结合起来。例如，非常年幼的小孩子甚至分不清 5 分钟和 5 年之间的区别。

其实，即使是小学生也搞不懂"用 15 分钟时间完成数学书上的任务 3 至 5"指的是多长时间。人类对时间的感知能力需要日复一日的积累才能形成。不过，借助计时器，我们可以让这一进程加快。

让我们从处理一个比较轻松的小型任务开始。在进行过程中，我会悄悄用秒表计时，例如，在任务结束时，我会说:"刚才用了7分钟。"就这样重复进行几次之后，我会问孩子预计下一个任务需要多长时间。孩子在说出自己的估算时间后，就开始着手完成任务，同时，我在旁边悄悄记录时间，最后再将孩子估算的时间与实际花费的时间加以比较。就这样，在很短的时间内，就可以让孩子明白自己经常低估或高估所需的时间。一旦孩子对时间的估算更为准确，我就可以在孩子面前公开使用计时器了，我问他:"你完成这项任务预计要多长时间?"然后孩子会答道:"8分钟。"于是我将计时器设定为8分钟，就可以离开了。或者我还可以设置15分钟，然后问孩子在这段时间内他能完成多少任务，想完成多少任务。

计时器对那些难以长时间集中精神端坐的孩子特别有用，因为他们会看到:"咦，就剩下几分钟了——我现在一定要完成任务了!"

我们必须避免将任务的完成时间越拖越长。因此应该确保，计时器只意味着暂停，并不一定是任务的结束。

孩子的注意力能保持多久

您猜的没错，每个孩子为一项任务集中注意力的最长时间只能因人而异。有一个公认的规律是:以分钟为计量单位，一个孩子集中注意力的最长时间通常是其年龄的两倍。

也就是说，一个 7 岁的孩子最多可以集中注意力 7 到 14 分钟。因此，为他使用计时器的设定时间最长不要超过 14 分钟。

也许您 7 岁的孩子现在可能连 7 分钟都达不到，也许只能坚持 4 分钟。不过这也没关系。您也可以从较短的时间开始尝试，您的孩子一定会快速进步的。

至关重要的是，计时器运行的时间实际上是孩子保持注意力的作业时间——我将其称之为"奇迹时间"。一旦计时器开始运行，孩子的世界里除了纸张、笔和学习任务，就什么都不存在了。孩子肯定不会分心，不会抬头，不会聊天，更不会站起来。只有全力以赴，才能确保又快又好地完成眼前的任务。

只要让孩子知道这种紧张状态不会持续很久，过一会儿就可以转换为短暂的放松阶段，他就一定可以达到这种状态。同样，从细节着手尤为重要，换句话说，就是切勿提出过高要求，要注意循序渐进，以便让孩子对这种紧张状态下的"奇迹时间"形成良好的体验。

这种学习始终都能一帆风顺吗？当然不是。有时候，当您启动计时器之后，孩子却在了解规则的情况下拒绝遵守。这时我们该怎么办呢？我遇到这种情况就会关闭计时器，然后问他："你怎么了？是饿了还是渴了？想去洗手间吗？是想活动一下吗？对学习任务不太明白吗？还是感觉有难度？"诸如此类。

只有在清除所有干扰因素之后，才能重新开始。对我来说，关键之处在于不能让"奇迹时间"打折扣，尽量确保孩子在这个时间段内始终保持高度集中精力的状态。这意味着有时在开始阶段务必严格要求孩子，确保持之以恒。这些努力肯定都是值得的，这也是送给孩子最好的礼物，让他们养成受益终身的好习惯：学会设置计时器并专注地完成任务。

课间休息的艺术

一方面，正如上文所说，孩子保持注意力的时间因人而异；另一方面，注意力完全可以通过长期练习而得以改善。注意力的总体变化情况如下图所示：

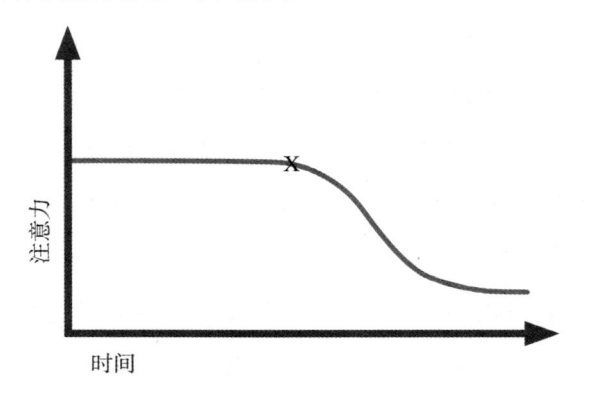

根据经验，我们大家应该都知道，任何人保持集中注意力的状态都是有时间限制的，这意味着时间越久，注意力就越不集中（图中代表注意力的曲线逐渐向下），直到最终几乎无法集中注意力。很多人经常犯的错误是，他们往往在注意力不集

中时，才想起来休息片刻。

因此，为确保集中注意力的时间始终具有完全正面的，甚至是奇迹般的意义，负责监督的成年人不能等到孩子的注意力开始涣散时才同意休息，一旦到那个时候，就很容易让孩子形成负面的学习体验。我们必须尽可能精确地等到注意力曲线向下倾斜的那一刻，就迅速做出反应。换句话说，在孩子的注意力消失之前，我们就应该进入课间休息时间，这也是一种"防患于未然"。

这里面蕴藏着一种对所有人一生来说都非常重要的生活技能。那些最终陷入"职业倦怠"状态的人肯定未能掌握这种技能：在自己彻底筋疲力尽之前，其实应该休息一下。因此，我认为让孩子们学会如下准则是很有必要的：我有权休息，甚至在注意力远没涣散之前，我也有权要求休息。预防性的课间休息可以让学习更开心，也更高效，因为这可以让孩子在整个学习过程中感觉良好，同时避免出现注意力不集中的状况。也就是说，一旦发现孩子的注意力开始不集中，我们就应该进行课间休息了。那么，我们该如何发现这一点？

课间休息的两种方式

作为辅导老师，我只要坐在孩子旁边，就可以直接观察他，并迅速察觉他表现出的哪怕最轻微的注意力不集中的迹象。比方说，孩子的书写速度忽然放慢了，开始发呆，或者一下子犯了好几处错误。在这种情况下，我会马上说："停一下！我想我们应该课间休息了。"不过，这种做法似乎与我们（在上文）使用计时器的原则相互矛盾。因此，确定最佳休息时间的前提是，我们应该提前了解孩子在正常情况下集中注意力的最长时间，然后只需要在计时器上少设置一两分钟即可。例如，如果我们发现注意力曲线"向下"通常发生在大约 11 分钟后，那么我们就可以将计时器设置为 9 分钟。

如果孩子表现出注意力不集中的迹象，即使计时器还剩下 4 分钟，我们作为辅导者也应该说："我发现你的注意力现在有点下降。可是看看计时器：就只剩下 4 分钟了。加油吧，让我们继续坚持一下，很快就完成任务了！"

实际上，大部分孩子在这种情况下还有一些学习动力，可以继续维持注意力，只要让他看到计时器上的剩余时间只有一点点的话，他就完全可以根据要求继续学习了。

如果这么说无济于事，该怎么办？休息方式是否有效取决于当天的实际情况：也许孩子昨晚睡得不好，也许身体有点不舒服，或者是布置的学习任务难度太大了。

如果是这样的话，则必须当机立断："好吧！我们现在马上休息。"永远不要推迟一次明显有必要的课间休息，否则孩子的注意力会很快下降，负面的学习体验将越来越强烈。

因此，要么鼓励孩子"继续坚持一下"，因为他可以在计时器上看到注意力时间段的终点了，要么在他无法继续坚持的情况下干脆直接让他休息一下。

良好休息的三个特征

设置在集中学习时段中的课间休息应该具备三个特征：首先，应该让人的身心都充满活力；其次，应该让人绽放笑容——毕竟，我们需要全方位的放松，而笑容才是表现放松的最好方式；最后，我们都需要呼吸新鲜空气，至少应该把窗户打开，当然，如果能到户外露天活动就更好了。

如果将这三个特征同时实现的话，孩子们就能迅速重新焕发活力，于是我们可以继续坐下来发奋学习。为此，我可以举一个具体的例子：假设我们需要在15分钟的时间段内陪孩子一起学习，并且在计时器上设置了15分钟。那么，我建议每个时间段之后的休息时间应该在2到4分钟，但最多不能超过5分钟。这样可以避免休息时间过长，感觉过于舒适，以至于孩子几乎找不回继续学习的状态。在课间休息中，我们应该始终牢记目前仍是学习时间，只能进行短暂但又至关重要的休息。还有一点非常重要，我们不能只让自己认识到休息要求，还要向孩子详细解释和反复强调这方面的重要性。

因此，我经常向孩子们解释为什么休息如此重要，休息期间他们的大脑会怎样运转，当他们深呼吸时，可以向大脑和血液循环供应多少氧气，这对血液循环有多少好处，大脑可以由此获得更好的血液供应，更有利于思考和安心学习。

当然，最好是让孩子们亲身体验一下课间休息的效果，然后他们应该会感觉更好，更愿意在休息之后继续学习。我们不应该让孩子们偶然获得这种体验，而是应该系统地实现并支持合理的休息。

因此，我在每次课间休息前都会对孩子们说："把眼睛闭上一小会儿，体验一下自己现在的感受。你的头、手和肩膀是什么感觉？"然后我们休息片刻，在继续开始学习之前，我会再问孩子："再闭上你的眼睛，体验一下此刻的感受。你发现有什么不同了吗？"

只要这样做上几次，孩子就会凭直觉得出结论："啊，原来注意力无法集中时就是这种感觉。一旦我的血液循环重新恢复，头脑再次清醒时，就是另外一种感觉。"

这种直觉在每个人一生中都是宝贵的技能。很多人成年很久之后才认识到这一点："啊，原来这就是睡眠良好、锻炼身体、饮食健康、酒足饭饱的感觉。"根据这种感觉以及由此得出的经验，就可以产生足够的动力重复那些对自己有益的行为，例如在注意力集中时也要合理休息。

课间休息的具体方法

最简单的方法是播放一首课间休息的专用歌曲，这首歌的播放时间应该跟预定的休息时间保持同步。如果把音量调得比较响亮，就可以让这首歌成为一个有效的听觉信号——听到它就可以站起身休息片刻。如果将播放器设置为"播放完毕自动关闭",歌曲结束时也就标志着课间休息结束。然后,安静意味着下一轮学习阶段的开始。因此我始终认为播放一首歌曲是理想的"休息信号"。为此,也可以查看一下我的开场曲列表。需要注意的是,在课间休息时不要使用开场曲,因为它蕴含不同的含义。

一旦播放休息歌曲,孩子就可以站起来在房间里玩耍、手舞足蹈、跳到沙发或椅子上、爬到桌子底下。是否感觉整个房子几乎成了课间休息的运动跑道?

于是,我们预定的目标也不知不觉实现了:运动、欢笑、深呼吸……当歌曲停止时,大家又可以坐回原位。有些孩子一心期盼着在课间玩耍嬉戏,但也有些孩子对此毫无兴趣。遇到这种情况,应该建议他们:"来吧,现在让我们做十个开合跳吧!"或者翻三个筋斗,做一次倒立。低下头再抬抬腿都是很有益处的。这些动作成为瑜伽中最重要的练习方法,不是没原因的。当孩子们再次直起身子时,头脑应该更清醒了。那么家长朋友们呢?当然也应该参与其中:这可不仅是为了自己的身体健康,重要的是,当妈妈或爸爸被困在椅子下面时,会让课间休息更加妙趣横生。

如果您住在独栋住宅,只需要打开房门,对孩子说:"在家里可以尽情跑来跑去,直到歌曲播放完毕!"有些家庭的花园里设有蹦床,或在室内安装了迷你蹦床。让孩子们进行三分钟蹦床运动可以促进血液循环，满足运动方面的冲动，还有助于恢复动力。此外，还可以进行其他课间活动：四肢着地爬行，学鸭子的蹒跚步态在家里穿行，单腿跳跃，或者围绕家具倒退行走。

如果做这些运动都比较吃力，也可以随着音乐尽情跳舞。如果不想跳舞，还可以抖动胳膊、腿以及整个身体。家长朋友们应该以身作则：站直身体，将双手从身体两侧甩开。这样甩开的不仅是自己的手，还甩掉了所有压在内心的沉重负担。例如，我用右手甩掉"愚蠢的家庭作业"，用左手甩掉"下星期的愚蠢考试"。所有你认为愚蠢的东西都可以被甩掉。我曾经试着摇晃整个身体，像波浪一样从下到上振荡全身，然后感觉自己轻松多了，仿佛摆脱了所有烦恼——比如说跟好朋友的吵架，或者跟某位老师的矛盾，全部一甩而空。我们完全可以摆脱一切令人不快的东西。

我建议大家可以选择其中的两到三项，然后定期重复一段时间，以此作为可靠的、轻松的休息仪式。一旦孩子们意识到："哇，这对我来说真的很棒！"那么他们很快就可以接受，甚至还会自己想出如何更好休息的绝妙点子。

精彩的注意力小游戏

还有一种截然不同但同样效果显著的休息方式，就是注意力小游戏。注意力小游戏？这听上去有些累人吧——尤其是对休息时间而言。在脑力劳动之后的休息时间不是应该尽情放松一下吗？

可能很多人都是这么认为的，也是这样实践的——但效果经常并不令人满意。与流行的观点正相反，专注力并不会因为尽情放松而变得更强。实际上，当我们换一种全新的方式运用大脑时，它反而会变得更敏锐、更强大，由此可以再次"被唤醒"。因此，所有休息方式中最糟糕的莫过于端坐不动，眼睛还老是盯着手机。

而这正是我们最不愿意看到的情况：首先，这意味着缺乏运动；其次，这种僵硬的姿势很不健康；最后，我们在这种状态下会不知不觉变得更迟钝。然后，大脑在学习过程中更不愿意吸收新知识了，因为学习知识肯定比手机上的信息更乏味。因此，我建议大家还是在注意力小游戏中度过课间休息时间。

这种游戏离不开成年人的适度指导。如果家里有不止一个孩子，最好让他们一起参与游戏。我想在这里举例介绍两款小游戏——如果有人还需要更多的相关游戏，那么在我的照片墙个人页面可以找到很多深获好评的推荐项目。

123 游戏

我最喜欢的注意力小游戏是"123 游戏"：两个玩家面对面，看着对方的眼睛，轮流从 1 数到 3——A 说"1"，B 随后就说"2",然后 A 再次说"3",然后 B 再次从头开始说"1",依此类推。因为人数是偶数,而数字为奇数,因此每个人在每轮重新开始时都会说不同的数字——这就需要保持高度集中的注意力。

由于报数的角色始终都在交换,而两个玩家都想快速而流利地说到"3",因此,如果想把这个游戏一直飞快地进行下去,其实是相当有难度的,不过因此也特别有趣,尤其是有人在这一过程中"数错"的时候。

这就是游戏的全部吗?当然不是,我们现在还要增加难度,用动作代替数字 2,例如用右手轻拍自己的头部两下。所有其他规则都保持不变。

于是,当 A 说"1"时,B 就应该轻拍两下自己的头,然后 A 说"3",B 再说"1",由此进入第二轮,接着应该由 A 拍自己的头——依此类推。如果可以快速而顺利地完成,我们再进行下一个游戏变体。

例如,我们用左手扯耳垂、跺跺脚或者扭扭屁股之类的动作代替"三"。其实孩子们通常自己就能设计出新动作。现在继续数到三,但要在头上轻拍两下,同时扯一扯耳垂。如果这个游戏变体进行得顺利——您也许猜到了,我们就换一个动作代替"一",例如跳起来或者吐舌头。所有这些游戏都必须在三分钟左右的休息时间内完成。

为此,我们可以在游戏时设定计时器,或者播放相应时长的歌曲，但应该将其作为背景音乐音量较低地播放。如果计时器响起或者歌曲结束，而您还没完成最新版本的游戏，那也没关系，您要有信心在下次休息时间做得更好。

我本人比较喜欢这个 123 游戏，因为它锻炼多方面的能力：首先，必须在一个团队内合作；其次，必须牢记游戏规则；第三，还要密切关注其他人。

反义词游戏

这也是我最推荐的游戏之一。游戏开始时，大家最好都站起来，进入运动状态。如果打开窗户就更好了。那么让我们开始吧。

例如，我说"高"，孩子就说反义词"低"，我说"快"，孩子就说"慢"，以此类推。在这个游戏里，我们必须用上一大批反义词，而且不仅体现在口头上，还需要用动作表现出来。例如，我将双臂高高举过头顶，孩子就要把手放在地板上，或者我用右腿站立，孩子就应该用左腿站立。这不是很容易吗？

好了，现在我们可以稍微提高一点难度。我说"高、慢"，孩子就要回答"低、快"。我也可以说"光明"，然后把胳膊垂到地板上，然后孩子说"黑暗"，把胳膊伸向天花板。每当孩子适应新的游戏难度时，我们就适度提高难度级别。游戏规则越复杂，有些孩子就会越喜欢。例如，如果我说"快、黑暗、深"，同时仍然保持单腿站立，这就是比较有难度的挑战了，如果孩子连这个挑战都应付自如，那么就可以收获更大的乐趣，对活跃他的思维也更有效果。

通过转换游戏角色，还可以进行与提升游戏难度不同的游戏变体：孩子先表达，成年人做出相反的回答。这通常会更有趣，因为孩子们就喜欢看成年人"失败"。

休息时喝一大杯水和吃点心

无论您的孩子喜欢注意力小游戏还是喜欢运动类游戏，都应该让他在课间休息时喝一大杯水。有些孩子的饮水量还算比较充足，不过遗憾的是，也有很多孩子的饮水量远远不够。其实他们只是想不起来及时喝水而已，因此身体很容易出现脱水现象，导致大脑无法继续正常运转。我经常遇到这种情况，体液失衡通常是孩子无法正常集中注意力的原因。我曾经问过一个孩子上次喝水是什么时候，他回答："吃早餐时！"于是一切都不言自明了。因此，一旦发现有的孩子在学习方面迟迟没有进展，我首先会问他"你上次喝一大杯水是什么时候？"。

然后我还会问："你上次吃东西是什么时候？"因为低血糖同样让人无法正常学习。为此，我手头总是准备着一些坚果和苹果，因为这种食品组合可以让我在大约一个小时内有饱腹感：苹果与坚果中的蛋白质和脂肪相结合，足以确保血糖水平不会过快飙升——就像工厂制作的坚果零食产生的效果，但也不会迅速下降。出于这个原因，我在对孩子进行学习辅导或者注意力培养的过程中一般不太担心孩子缺少葡萄糖的摄入。不过也有例外：如果孩子在课堂小测验只剩下 5 分钟时发现自己开始轻微颤抖，那么葡萄糖就是首选的补救措施。除此之外，我并不建议这么做。更何况，事实证明坚果和苹果的组合是理想的学习零食；当然，其他任何水果也可以。重要的是让孩子同时补充水果与脂肪或蛋白质。

赤脚踩雪地

正如上文所说，新鲜空气是确保注意力集中的关键因素，无论是在家做作业，还是在学校都不例外。在正常情况下，孩子早上离开家，要在户外走一段路程，即使不是直达学校，至少也会呼吸着新鲜空气走到公交车站。一天之计在于晨，没有什么比早上更让人清醒的了。因此，我格外喜欢步行或骑自行车上学。尤其是大家都经历过疫情封控不能照常走路的特殊情况：我至今还清楚记得 2020 至 2021 年的冬天——那段漫长的新冠疫情时期，很多孩子只能穿着睡衣一动不动地坐在桌前，盯着 Zoom 网课软件的 25 个小图像。因此，我在自己的照片墙快拍页面曾经展示过我清晨穿着睡衣去花园，赤着脚在雪地里行走的情景，以此强调在新鲜空气中锻炼有多么重要，对身体有多好，以及让人清醒到何种程度。这个创意在网上特别受欢迎：每天早上我都会收到很多孩子们的照片和视频，他们穿着睡衣堆雪人，或者赤脚在花园里奔跑。父母开心地告诉我，

第八章　家庭作业的实践

这可比在家上课效果好多了。

因此，当考虑孩子在家的学习情况或者家庭作业时，我们还应该关心孩子在过去几小时内什么时候出过门，有没有在户外活动过。如果都已经在家很长时间了，我们就应该尽快在新鲜空气中休息一下。例如，在开始学习之前，应该进行短暂的散步，或者到户外稍微活动片刻。

其他国家的教育系统早就意识到运动的重要性了，例如新西兰的学校，虽然规定8点到校，但始终向全体学生提供一小时的运动时间，直到9点钟才正式上课。

不要忽视孩子的基本生理需求

无论儿童还是成年人，都不能仅因为"现在必须学习"而忽视饥饿或口渴等生理需求。成年人也许还可以忍耐一段时间，但孩子不能。对他们来说，生理需求是最重要的。当一个孩子饿了时，他就会被饥饿所困扰，无法继续学习，或者学习状态变得很差。孩子几乎不可能说出或者想到："虽然饿得肚子咕咕叫，但我还是要振作起来，继续努力学习。"

但是，很多成年人却按照自己的想法对孩子说："加油吧，我们还有一项作业要完成，然后就可以吃晚饭了。"这对孩子不起作用，因为他们的生理机能只会中止注意力。一旦孩子感觉肚子饿得咕咕叫，大脑就无法继续运转了。我们作为成年人应该认识到这一点——但最重要的是,我们还要向孩子解释这一点。

我非常重视跟孩子探讨这个问题,还会定时询问他们的基本需求:你口渴吗?你饿不饿?想运动吗?需要新鲜空气吗?询问孩子是否感到暖和也是这类问题之一,因为新冠疫情时期的情形也证明了这一点:人们无法在冰冷的教室里学习——因为疫情,当时不允许使用空气过滤器,窗户还必须始终开着,即使冬天也是如此。

通过这种沟通,孩子可以学到很多关于个人健康的知识。最重要的是,他们能学会感受自己的内心,从中认识到:我感觉怎么样?什么时候不舒服?我错过了什么?例如,感觉轻微头痛怎么办?那么就赶紧喝一大杯水,因为可能只是身体脱水了。现在有点颤抖怎么办?也许是因为太长时间没吃东西了。如果感觉疲惫呢?那是因为太久没有适当运动了。

应该让孩子意识到,做任何事情之前,首先必须照顾好自己的身体。

我特别希望能够培养出善于独立照顾好自己的一代人,这样他们才能拥有一生的健康保障。遗憾的是,我们现在正朝着相反的方向发展。已经有越来越多的孩子表现出"压力症状"(Stress-Symptome)。

德国DAK公立保险机构在2017年的一项研究表明:几乎每两名学龄儿童中就有一人(43%)承受着巨大压力。其中有 1/3 的男女学生出现头痛、背痛或睡眠不良等症状。

因此，我始终认为，不仅需要父母在家里，而且还需要老师在学校充分满足学生的基本需求。作为成年人，我们都有义务帮助孩子学会照顾自己，这样才能确保孩子健康成长，在学校就提前掌握这些重要的预防知识。

至此我们已经全面探讨了生理上的基本需求。那么心理上的需求呢？

你有什么心事吗

情绪健康也是必须满足的重要基本需求：无论是对孩子们，还是对成年人，不能单纯为了尽快学习而对此忽略不管。

愤怒、悲伤或恐惧等感觉远比记住新知识的感觉强烈得多，也重要得多。如果你不给这些感觉足够的空间，负面情绪将永远处于最前沿，根本不会让大脑专注于家庭作业。您肯定亲身体验过类似的感受：回想一下最近的争吵吧——吵过之后，您能否继续专注而有效地完成工作？

我记得在多次辅导课上，我会和孩子们沟通 50 分钟，谈论他们跟父母或好朋友之间发生的争吵，然后只用剩下的 10 分钟解决数学问题。最终，事实证明花这些时间交谈都是非常值得的，因为在做题的 10 分钟里，我们取得的成果比我努力教一个郁闷的孩子 60 分钟还要多。更重要的是，在接下来的几小时学习时间里，孩子的状态明显好转。

所以，如果您发现孩子有情绪低落的迹象，或者比平时更安静，我建议应该先问问他有什么不愉快的事，然后让他坐到沙发上，最好拥抱他一下，让他尽情说出心事，甚至完全可以尽情地哭上一场。通过这种对话方式，孩子可以将倾诉的一切暂时抛到脑后，放下心里的负担，从而避免影响学习。虽然这种方法并不一定彻底解决问题，但起码能让孩子的负面情绪得到缓解，再次以专注的态度投入学习。

因此，关心孩子的生理需求和精神状态，并采取必要的对应措施，播放开场曲，将休息曲与课间休息相结合，是确保孩子努力学习的基本前提。这些外部条件都是必不可少的。那么，我们现在应该回到学习任务本身了。

作业太难了

在家庭作业方面有一个常见问题：学校布置的作业是否符合孩子现在的能力和学习水平。如果一个孩子因为难度太大而无法完成作业，那他很快就无法继续集中注意力了——我已经在其他章节提到过这一点。那么，怎样才能发现这种情况？

实事求是地说，想发现这一情况是需要一些专业经验的。我通常是这样做的：如果家庭作业比较多的话，我需要在孩子开始做作业之前提两个问题。首先，我会问孩子需要做什么，一旦发现他没能马上回答,我就会心平气和地讲解一下,然后再问他:"你现在明白是什么意思吗?"或者问:"你理解到什么程度了?"

这两个问题都很简单,但很多父母经常用其他方法问孩子:"你现在明白了吗?"这么问其实没多大帮助,因为有些孩子总是回答"明白了",其实他们并没有(真正)明白。还有些孩子通常会回答"不明白",其实他们已经明白了大部分内容。因此我干脆彻底放弃这种问法,而是问孩子:"你现在明白是什么意思吗?"

还有一种通过转换角色的方式问孩子的话术,应该也很有帮助:"好的——请你向我讲解一下吧!应该怎么做呢?"通过孩子的讲解,很快就会发现他是否真正理解作业,或者在哪个问题上没理解。在这种情况下,用小动物玩偶作为教具应该很有益处。

我在辅导功课时经常准备几只小动物玩偶。我会对孩子说:"你可以向注意力不集中的小猴子(或呆头呆脑的小牛)讲解作业!"这种方法比较适合督促年幼的孩子认真学习。

比方说,您可以将小牛玩偶握在手里,让它一次又一次地点头或者打哈欠,或者让小猴子手舞足蹈、上蹿下跳,由此可以让孩子体验到向不认真听讲的人讲课的感觉。

孩子和小动物之间模拟的这种对话需要一直进行到孩子真正明白需要做什么为止。否则,我们就要陪着孩子做作业,或者改变辅导方法,让孩子独立完成作业。在英语中有一个专业术语叫"Scaffolding",翻译过来就是"脚手架"。因此,我动手做了一个微型脚手架,可以向孩子生动地演示在解决困难任务时,如何站稳脚跟,如何向上攀登。

例如在学英语时,我可以将15个他们还没学过的单词及其译法贴在需要处理的文章旁。借助这个小脚手架,有时可以鼓励孩子独立完成任务。

作业太容易了

首先,我想告诉大家,"太容易"的家庭作业远比孩子认为的少。在一般情况下,他们只是不想做作业而已,或者还没有学会准确评估自己的能力。

不过,我们也可以假设有一个孩子在学校里没有遇到任何难题。特别是那些太容易的作业与大量抄写任务联系在一起时,这个孩子也许会想:"我肯定能做到!"但是他承受的压力却越来越大,因为任何人都不喜欢做那种费时费力却毫无益处的事情,其实这就是一种无谓的苦力劳作。

还有一种选择是让孩子在做作业时听有声读物,由此可以避免做作业的过程太无聊,在智力上训练孩子,您可以对孩子说:"听听吧,虽然我们应该专心做作业,不能分心,但是这部分内容确实比较简单,用不着思考太多,对你来说就是简单的抄写而已——因此你需要有声读物作为伴奏。"

我们作为成年人，遇到这种情况只能鼓励孩子：这些抄写任务虽然看上去似乎是无用功，但也很重要。有些相对懂事的孩子就会欣然接受，他们可能会说："那好吧，我马上就写！"但也有很多孩子无法接受这种作业——甚至包括他们的父母也是如此。我如果看到这种情况，就会布置一些更有难度或者更吸引人的作业。这种作业该怎么布置？让我们看一个范例。

范例：让过于简单的作业吸引孩子

假设您的孩子需要做一整页的数学作业，而他却认为自己早就学会了这些数学知识，因此在做作业时兴趣索然，很难集中精神。这可怎么办？

在遇到这种情况时，我通常会用剪刀将数学作业剪成几小片，例如将一张 A4 纸的作业裁成十个部分，然后将这些纸片藏在一大碗扁豆或沙子里，或者藏在房间各处。然后，再让孩子开始寻找纸片，找到一张就做一张。我经常会故意少藏几张，由此让原本对作业兴味索然的孩子重新焕发热情，而这正是我将作业裁成小片的目的。

等孩子做完作业后，我们再找一张白纸，将各个纸片粘上，让数学作业恢复原状。

整个小游戏有两个优点：首先，将原本令人乏味的一大张数学作业裁成小纸片，可以减小孩子对作业产生的失望感。其次，我用这种方法转移孩子的注意力，从"哦，天哪，这次的作业好无聊！"转化为"太好了，我们把作业裁成小片。老师会怎么说呢？"或者"还是拼图更有意思！"——我们甚至还可以进一步增加这种乐趣。

金缮的乐趣

在日本，如果一个被视为传家宝的旧花瓶碎裂了，日本人会将这些碎片重新粘在一起，并在黏合剂表面撒上金粉，他们并没有遮掩花瓶破碎的边缘，而是使其重获新生。这种方法叫作"金缮"，我特别喜欢这种工艺，并且把其中的理念应用在裁成小块的作业上：虽然无法与金粉相比，但这张作业纸同样有着漂亮的闪光胶，可以把一份乏味的作业变成一件小艺术品。

还有一种更简单的方法，可以使"乏味"的作业变得更有趣：将作业纸沿水平线折叠成窄条，这样孩子每次都只能看到窄窄的一条作业。

这些仍然没什么帮助吗？也许可以试试下列建议。

换个地方做作业

孩子在做无聊的作业时，会悄悄在桌子底下玩耍，有时，他们还会把作业钉到桌子的下面，于是，枯燥乏味的作业对他们来说一下子变得有趣了。前几天，我收到一张可爱的照片：一个孩子趴在厨房的地板上做作业，眼睛还在盯着烤箱里徐徐膨胀的蛋糕坯。

有些家长会把孩子的作业贴在窗户上，然后让孩子站在窗边，一边做作业一边看着外面的风景。这种远望窗外的做作业方式对我写这本书很有启发，以至于我最初设想的书名就是《在云海中抄单词》。

大多数父母对孩子怎么做作业都有某种理想场景的预期，因此他们普遍禁止"换个地方做作业"，为此也免不了发生争吵。我认为最好的解决方案应该是："那好吧，就坐在地板上写作业吧！"

我想奉劝家长朋友们，大可不必担心孩子永远学不会在桌旁安稳地完成作业：既然孩子能够独立在学校坐那么久，那就应该相信他早晚都能具备这种能力。

有一点可以肯定：很多地方都适合学习，甚至比强迫孩子坐在桌旁学习的效果更好。我们可以换位思考一下，也许有助于理解孩子：我们自己坐在沙发上看笔记本电脑能坚持多久？在屋顶平台或者阳台呢？在厨房或者咖啡馆呢？根据自己的亲身经历，成年人应该理解改变学习位置会带来多么好的效果。也许我们可以回忆起自己的少年时代，那时自己是多么喜欢趴在房间的地板上做作业，现在也应该允许孩子这么做。

做作业时能看电视吗

我从不允许孩子在做作业时看电视或玩手机,因为动态图像在视觉上特别分散注意力,会严重妨碍孩子按时完成作业。尽管如此,很多人都会这样做,在工作时偷看"旁边的"网络视频。如果他们拍摄一下自己这样做的状态,就会发现自己其实一直在盯着视频看,时间短则几秒,长则几分钟,看完之后当然还需要时间调整状态,才能重新开始工作。就这样,这种行为实际上拖延了一项困难任务的完成时间——而这正是我们想要尽量避免的。

我们追求的目标与上述行为正相反,我们希望尽可能让孩子树立信心:"我有能力正确且迅速地完成任务。"因此,即使一项任务看上去"太容易""无聊"或毫无挑战性,我也会让孩子坚持到底,并且告诉他:"可我们还是希望你尽快完成这项任务!这就是我们的目标。如果你认为趴在地板上或坐在厨房台面上有助于快速完成,那我也完全同意。"

在这种情况下,我建议应该买一张学生用垫板,这样就可以让孩子在屋子里或公寓里的很多地方自由学习了,而这些地方由于缺少写字台,通常并不适合做作业。有些孩子甚至还会带着垫板跑到花园小屋或者树屋,或是去阁楼或者地下室。有了学习垫板,这些都可以实现,都可以妙趣横生——当然,孩子也可以快速而正确地完成作业了。

对我来说，重要的是为孩子开辟一个自由空间，可以让他们在不寻常的地方以不寻常的姿势学习。如今，已经有很多新型教育机构允许孩子们这么做了。即使在传统学校，思想超前的教师也逐渐允许孩子们在听懂作业内容后，自由选择做作业的地点和位置。

例如，有些孩子喜欢到户外坐到长凳上，有些喜欢独自做作业，有些喜欢与小伙伴一起做，有些拿着学习垫板坐在地板上，还有些则直接趴在地板上。在这方面，让孩子们享受这种自由非常值得，因为取得的效果相当明显：只要允许孩子自由选择做作业的地点和位置，他就可以学到一些重要的东西——正确评估自己，体会自己的需求。当然，这些能力不会在朝夕之间形成，但明智地运用这种自由，同时保持目标明确，是孩子首先需要学习的技能。家长应该明白，没有哪个孩子从小运用过这种自由。就像对一个从没开过车的人说："这是车钥匙，这是汽车——现在开走吧！"现实中没人会这么做，同样极少有人会说："你永远都学不会开车！"不，在开车上路之前，我们都会在驾校上课，会在训练场练习驾驶。

这种"驾驶课程"对应该学会合理利用个人自由的孩子来说很有必要。作为一名"驾驶教练"，我当然知道这不可能一蹴而就，偶尔也需要家长亲自干预，就像驾校教练有时会掌控方向盘，或者在副驾驶位踩刹车一样。干预事项中还包括孩子在做作业时禁止看电视。

借助计时器实现学习自由

在孩子的学习过程中，把握好自由的限度至关重要，同时还要适应孩子现有的能力：我的孩子能承受多少自由度？

为此我们可以不断尝试。如果前三次、四次、五次或者十次都未能成功，也并不意味着可以放弃这种自由，然后对孩子说："我们做不到这些。干脆放弃这些自由吧。"不，正相反，我们应该说："没事，今天不太顺利，但我们可以探讨一下。为什么呢？到底是怎么回事？为什么你突然溜走了？去哪儿玩了？完成任务了吗？下次应该怎么做？是不是该使用计时器呢？"

计时器是帮助孩子学会合理使用自由权利的有效工具。我们可以这样告诉孩子："你可以带着数学作业去任何自己喜欢的地方完成。不过，在15或20分钟后，必须到厨房交给我。我会监督你是否遵守约定时间。"

这种时间上的要求可以对孩子起到重要的帮助作用，让他尽力合理并有效地利用自己获得的自由。而且，10到20分钟时间对大多数孩子来说已经够用了。

很多孩子很容易就能学会合理使用自由权利，只需要告诉他们："你还有10分钟时间。"还可以给他们一个计时器，设置好20分钟倒计时，然后说："你可以选择任何自己喜欢的地方学习，随身带好计时器，注意观察时间。我也会经常看手表的，我们俩都要遵守时间。"

此外，还有一种选择，就是告诉孩子："你可以自由自在地学习。我会在房间里陪着你，帮一点小忙。你自己想怎么学就怎么学，但我会始终和你在一起。"

家长和老师作为教练

正如上文所述，把握好孩子可以承受的自由度至关重要。否则，他们会抓起作业本跑进自己的房间，然后读起一本花花绿绿的课外书来，或者开始玩耍，等30分钟后，父母中的某一位走进房间开始抱怨："你怎么还没开始做作业？"

随后免不了爆发一场争吵，或者至少陷入紧张压抑的学习状态。让孩子感到不快的是，父母留在房间不走了："孩子根本就不会支配这种自由。"而孩子的感受则是："现在又要开始做这些乏味透顶的作业了，我对做作业的热情越来越少了。"也许，孩子需要的只是父母的适度引导。

在德国，我们经常低估这种引导方法，我们似乎还没意识到，有那么多孩子需要加以引导，这对他们有很多益处。

近年来，已经有很多学校逐渐具备了先进的教育理念，开始引导孩子们通过个性化的、自我调节的方式学习。例如让孩子们知道："我们正在学这方面的数学知识，德语课则要学这个，英语需要学那个。"在选好这些课题之后，孩子每天早晨才能积极上学，并努力学习自己选择的知识。

如果有人向父母提出这种自主学习的建议，很多人肯定马上质疑："如果孩子只想学自己喜欢的科目 X，同时对科目 Z 毫无兴趣，根本就不想学，那岂不意味着他永远都不会学它了！"

这些家长肯定忽略了一点：学校里当然还会有负责指导孩子的老师，他们会密切关注孩子的选择，并进行合理的引导。这种引导其实可以很简单：例如，让老师和孩子每隔两天坐在一起交流："我在各科的学习中分别处于什么进度？我必须重点关注哪方面的学习，才能在不感兴趣的科目上实现自己的目标？"这些对话并不会给孩子施加压力，而是让老师与孩子建立良性的关系，让孩子始终致力于确立明确的目标，并制定具体的行动步骤。因此，孩子会越来越懂事，并且努力学好自己原本不感兴趣的科目和课题。

不仅老师可以采用这种方法，家长也可以这样指导孩子。家长为此需要保持积极的态度："我的孩子同样想学习和掌握这门不感兴趣的科目。我是他的教练，应该尽量帮助他。"

父母应该像青少年足球教练一样告诉孩子："不，我们今天要先进行一小时的循环训练，然后才能踢球。"这种教练必须具备相关知识，同时还要了解踢好足球的必要条件。

在正式比赛时，教练通常都会静静地站在场边观看，但在中场休息时，教练会提出反馈意见，对球员进行调整。我在教育孩子时也遵循了这种方法。我总是在特定情况下让他们自由发挥，因为只要给孩子们做过示范之后，他们就能举一反三，

第八章 家庭作业的实践 169

例如我会说："这些知识必须好好练习，不要试图逃避。练习不能拖到明天，必须在此时此地完成。"关于这种明确指令的一个范例就是，在学习英语中的不规则动词时，必须做到即使是在午夜从梦中醒来时，也可以流利地背诵出来。这种学习方式同样适用于德语的某些语法规则，例如背诵"das"和"dass"之间的区别，或者背诵数学中的乘法表或午夜公式[1]，这正是后者名称的来源。这些知识点以及诸多其他内容都属于学生必须掌握的基础知识。如果孩子们能够做到主动学习，那他们在这些科目中会收获更多乐趣。

只学一小时——然后就结束！

我下面要说的话可能会吓坏一些家长。我建议您先做好心理准备，不要急着表示拒绝，因为下面的提示都是根据我多年的经验做出的，据我所知，这是摆脱家庭作业时间过长的唯一方法。

我认为，如果孩子用一个小时还没完成作业的话，就应该让他停下来，在作业本里夹一张字条，或者给老师写一张字条，就说孩子已经集中精力做了一小时作业，确实竭尽全力了。当然，家长事先跟老师通个电话，或者见个面，稍微探讨

---

[1] 午夜公式：原文是"Mitternachtsformel"，即一元二次方程，之所以被直译为"午夜公式"，是因为一元二次方程的标准形式对德国学生来说格外重要，以至于午夜熟睡时都不敢忘记。

一下也很重要。比方说,您可以跟老师说:"我们家里现在面临着困扰,孩子有时要花三个小时做作业,整个下午都耗在作业上了,这对我们全家人来说都很不好过。因此我们现在想采用学习教练(Lerncoach)法,这需要将家庭作业限定在一小时内。在接下来的几星期,我们将竭尽全力让孩子学会只用一小时就完成所有作业量。"

我很少看到老师会对此表示拒绝。相反,他们通常很高兴看到一个家庭如此积极地解决"如何高效完成作业"的问题。

这种方法对孩子来说也很有收获,因为他们可以从中体验到:"只要我集中注意力,快点做作业,就可以在下午拥有充足的自由时间,可以跟朋友见面,忙些个人爱好,尽情做点自己想做的事情。"

但是,对家长来说,让孩子形成这种体验的漫长培养过程有些难以忍受,因为我们的教育方法始终都在告诫孩子:"过来!马上坐下!早点完成作业才能出去玩。"

实际上,这种体验是孩子迟早都会经历的,而家长应该做的,可不仅仅是在口头上加以解释。

打个比方,就像对一个超级懒汉解释定期锻炼后会让人感觉更好、更有活力、心情更愉快,这种空谈对他不会起什么作用。只有让他亲身体验过一段时间的良好效果之后,他才能相信定期锻炼对自己确实有好处。同时,这又让人增添了继续坚持锻炼的动力。或者,在我们探讨的实例中,应该让孩子以集中而快速的方式完成家庭作业——即使今天孩子没什么兴致做作业，或者有些疲惫，或者感觉作业比较乏味。

孩子早晚都要融入校园生活，要忙的任务不计其数，没人能每天在一个小时内完成作业。尽管如此，一小时仍然是家庭作业时间的最高限额，因为不可能每天都有那么多功课要做。对此我提出的建议是：每天一小时，每周六天（当然，在小学一年级和二年级，也可以限定为半小时或最多45分钟）。

举个例子，今天是星期二，孩子非常忙，无法在一个小时内完成这么多作业。不过，可以让孩子在一小时后停止做作业，没完成的部分可以推迟到第二天，也就是星期三，因为只要在星期四之前完成全部作业就行。

除了家庭作业，孩子还需要练习单词，并且为接下来的生物考试做准备。但是，如果将这两项任务均匀分成多个每次只需10分钟的小型任务，让孩子连续几天完成，然后在星期六完整忙碌一小时，那么根据我的经验，孩子完全可以度过愉快的一星期。

"每天只做一小时作业，对我们来说完全行不通！孩子需要完成的任务真的太多了！"我从很多家长口中都听过这种话。不过，如果我们仔细观察一星期的话，就不难发现：哎哟，忘了利用星期五下午的时间，因为那天的天气太好了，于是就什么都没做；星期四是孩子的生日派对，也没做任何作业；同时，我们也可以回想一下那个星期二，大概是因为要忙的事情太多，孩子还呆坐了很长时间。

如果孩子连续几星期都在集中精力努力学习，但始终无法合理安排时间，家长也可以思考另一个问题：我的孩子是否选对了学校？学校类型是否适合他？

如果经过深思熟虑，家长对这两个问题做出肯定的回答，那么我还是会建议您："好吧，那我们每天只做一个半小时作业！"应该记住，一个半小时对孩子来说已经是很长时间了，在学校度过了漫长的一天后，他的合作意愿会迅速下降，特别是要求他们跟父母一起学习时。

小结：这就是高效的学习方式

总而言之，我的结论包括：我的最高目标是让孩子学会快速有效地完成（通常被他们认为不太重要的）家庭作业。我之所以强调"完成"一词，是因为正如大家在上文中了解到的，我始终认为家庭作业跟学习关系不大——虽然我也希望孩子在学校能取得好成绩，事实上，如今的学校体制也是这样要求的。平心而论，我对学校以及学习所持有的理念与绝大多数孩子所面临的实际现状存在较大的差距。他们面临的现实是每天都需要完成多达五种、不同科目的家庭作业，这些作业有时比较有用，有时则完全没用。但是，如果能够学会如何快速完成这些作业，他们在学生时代就会过得更顺利、更开心。

我刚才描述的学习方法应该对此有所帮助。好了，让我们简要回顾一下：

- 跟孩子共同决定做家庭作业的具体时间。
- 然后，设计一个美好的开场仪式，例如播放一首歌，也许还可以做一个小小的注意力游戏，改善一下情绪，让孩子从一开始就感兴趣。
- 简要询问孩子的基本需求：吃饱了吗？喝水量够不够？有没有足够的运动？或者还有什么其他想法？
- 接下来还需要制订一份学习计划，并将其划分为五个简单可行的任务，在规定学习时间内完成。
- 根据孩子能够集中注意力的最长时间，将计时器设置好相应的时间。有些孩子也许是 3 分钟，有些也许是 15 分钟。
- 允许孩子自行选择学习地点和位置。然后，将接下来的学习时间视为"奇迹般的"聚精会神时段。在这段时间里，不要让孩子被任何事分散注意力。
- 一旦计时器的规定时间结束，就应该通过做运动、欢笑或者呼吸新鲜空气来短暂休息。
- 然后再按计时器设定的下一个时段开始学习，最终完成一小时学习，最好不要在时间上苛求孩子：就算多学 5 分钟，肯定也没什么坏处。

只要遵照上述建议，我们就有理由对孩子说："太棒了！现在你已经完全按照我们的愿望努力学习了。这很好！即使没有完成所有学习任务，那也只不过是因为新方法需要逐步适应。只要经常练习，熟能生巧，你就会做得越来越好，完成的作业也就越来越多。你现在就算没完成也没关系，我们只要尽力了就好！"

如果孩子没完成作业，我们只需要继续强调："是否完成全部任务，其实都是次要的。我们应该看看自己完成了哪些、没完成哪些，然后思考一下问题出在哪儿，在哪些地方浪费了时间，是否因为完成速度太慢，或者认真程度超出了实际需要。我们可以从中吸取什么教训，确保明天避免此事？"

或者还可以对孩子说："英语作业几乎完全没做。这意味着明天我们应该从英语开始。当然这也有可能导致另一科完不成了。"不过，就算一小时后没有完成所有任务，您也完全可以保持平常心。目前也只能顺其自然吧。

最重要的是体验：孩子们会获得一种成就感，因为他们在做作业时真的很专注，同时也很快乐。这就是这种学习方法的全部意义所在。这才是最重要的，也是最高的目标。这就是我们现在所要实现的成果。向孩子表达清楚这一点至关重要。

第九章

关于家庭作业的疑问

如何为孩子布置书桌

当然，有很多人都问过我关于家庭作业的问题。我们在上一章已经提出并回答了其中的部分问题。现在我想更详细地探讨一下。

关于孩子书桌的问题格外多：很多家长认为，孩子在开始上学时，房间里应该有一张专用书桌。对此，我总是告诉他们："如果孩子房间有空余位置，您又感觉有必要，那就买一张。不过，我认为孩子并不需要桌子来做家庭作业。"

对我来说，如果孩子喜欢做手工艺品，恰好又有弟弟妹妹，为了防止他们接触到胶水、乐高套装或彩虹珠，那么在儿童房放一张桌子是很有必要的。但是，当孩子做家庭作业以及学习时，我始终推荐在餐桌或者厨房的桌子上完成。下文将告诉您其中的原因。

在餐桌上更好

首先，儿童书桌通常面积太小，无法摆放学校常用的笔记本和课本。笔记本通常都是 A4 开本，打开时就是 A3 开本，此外还有打开的课本以及打开的文具盒，常规型儿童书桌肯定摆不开，这非常不利于学习，因为孩子会形成一种印象："我现在只要轻轻一推，东西就会掉到桌子右边"，或者"我都没法好好写字了，胳膊肘总是垫在一堆纸和书上"。这其中的隐患在于，虽然孩子并没有明确意识到这些不便，但潜意识里已经感到非常不适——而这正是我们想要避免的，因为这会妨碍孩子获得积极的学习体验。

因此，我经常主张，最好选择一张清空的大桌子，让孩子在学习时可以轻松地将物品推来推去，或者放在边上，同时不用担心有任何东西从桌子上掉下来。最重要的是，当孩子做完作业后，必须让他自行收拾好全部学习用品，因为稍后还要在这张桌子上吃饭或做饭。如果让孩子将学习用品留在儿童房的书桌上，则往往会乱成一团。另外，如果让孩子自己负责收拾东西，一方面可以让他为第二天上学做好准备，另一方面可以为家庭作业画上完美的句号：美好的休息时间即将开始！

不用儿童书桌的理由还有什么

对低龄儿童来说，在儿童房放书桌通常不切实际——这是反对它的第二个理由。这些小家伙坐在房间时，周围通常都堆满了自己的大玩具，特别是对小学生来说，这些玩具比动手练字或者计算除法表有趣得多。尽管如此，还是有很多父母要求孩子："你现在进房间做作业，20分钟后我去检查。"于是孩子回到自己的房间，到约定时间听到父母在门外的脚步声，惊慌失措地停止了玩耍，望着冲进门的父母——被抓了个正着。我其实很理解孩子的行为：无论是过去还是现在，外界诱惑对孩子来说都太大了。这就像要求一个成年人在看着网飞剧或者照片墙页面的同时还能高效工作一样。我们都知道这种时刻受到诱惑的感觉——包括以手机的形式。

因此，要想解决这一问题，有一点至关重要：不要让自己直接看到这种诱惑。对成年人来说，这意味着需要把手机倒扣，或者干脆关机。而对孩子来说，这意味着不要在玩具附近做作业。

在孩子的青春期，想解决这一问题可并不容易。对这个年龄段的孩子来说，玩具已经不再是什么巨大的诱惑了，自己的小床才是。最吸引他们的是躺在自己房间的床上玩耍，它像磁铁一样，对孩子施加了咒语。

因此，我想说的是：如果想让孩子在桌子上努力学习和完成作业，就应该选择厨房或餐厅的桌子。

在父母书房里给孩子添置一张桌子

这些年来，我很少遇到在自己的房间里独立学习还能保持自制力的孩子。如果有人说"可是我的孩子每天都能做到这些啊！"，那可太好了！对这样的家庭，我想完全不用我再提任何建议了。

不过，根据我的个人经验，这种孩子确实很少见。其实，即使在这些孩子的书桌上，也照样会有很多与学习无关的东西——但对孩子来说却很重要：一本有趣的课外书、一本漫画、一个乐高玩偶。因此，要想快速清理孩子的书桌并营造足够的学习空间，实际上并不容易。如果在餐桌上学习，通常更方便、更容易。

此外，还有一个不错的解决方案——特别是在新冠疫情期间：在力所能及的条件下，可以在父母的书房里设一张儿童书桌。这种方法也很有效，因为父母和孩子可以同时从理想的办公氛围中受益——前提是父母不会经常在书房打电话。

出于这个原因，我建议在孩子做作业时，家长应该跟他坐在一起，集中精力工作。由此可以创造一个和谐、安静的学习氛围。

怎样营造良好的学习氛围

值得一提的是，图书馆之所以吸引那么多大学生，精心营造的安静氛围是重要原因之一。人们喜欢在图书馆学习，尤其是为考试做准备。这种安静的特殊氛围以及所有人都埋头读书的专注状态，有助于让人坚持学习。

提醒一下，这些大学生都已经历过 12 年或更长时间的学生时代。相比之下，我们面对的这些小学生在自我调节能力和纪律性方面要差得多，理性思维很难发挥作用，他们的计划性或者对个人行为后果的评估能力也都差得远。如果我们突然期望小学生在自己房间的儿童书桌完成"无聊"的任务，那么我们很快就会发现，这种期望是多么荒唐和不切实际。

因此，我的建议是：在家庭作业时间，家人尽可能营造一种类似图书馆的氛围，包括遵守所有图书馆都实行的规则：所有手机都关机！有些家长甚至关了家里的门铃。饮料瓶应该放在地板上，避免在桌子上被打翻，弄湿文件。更重要的是，应该表现得安静而从容，以免打扰身边的人。

实际上，家里很难营造出这种氛围，因为环境确实不一样：家里通常都是嘈杂、喧嚣的。出于这个原因，为学习时间设计明确的开始仪式和结束仪式尤为重要，因为这意味着某种界限：从现在起，"图书馆"将保持安静一小时。然后，从结束仪式起，又可以恢复正常。这条规则需要加以练习，不过，只要稍加练习，大家都会认真遵守的——因为每个人都可以从中受益。

如何照顾好弟弟妹妹

我们在上文中已经看到,如何让孩子在短短一小时内完成家庭作业——借助开场曲、学习计划、注意力小游戏、计时器和图书馆式氛围。如果您只有一个孩子,这种方法肯定很有效。

如果有两个孩子的话,就应该让两个人都用这种方法学习。但是,对还没上学的弟弟妹妹,应该怎么做呢?这就需要探讨一个真正棘手的话题了。因为年幼的孩子——当然并非出于恶意——可能破坏任何精心设计的学习时间。他们到处嬉戏,制造噪声,不停问这问那,乱扔东西,他们对图书馆式的安静氛围毫无兴趣——小孩子都这样。因此,如果有一个两岁孩子不断捣乱,在房间里扔积木,我们就不能责怪学龄儿童无法集中精力学习了。平心而论,我只能对此表示遗憾,因为并没有一个现成的解决方案。尽管如此,我们还是要想方设法让小家伙保持一个小时的安静。该如何实现呢?

让弟弟妹妹也坐下来

这个方法一般比较适合4到5岁的弟弟妹妹。他们中的大多数其实很想跟做作业的哥哥姐姐一起坐下来——这样感觉自己仿佛也长大了!他们渴望成为学生之一,他们和自己尊重的哥哥姐姐一样重视作业。我过去多次体验过这种学习效果——

兄弟姐妹们都可以从中受益。大孩子可以和父母安静地完成作业，而小孩子则可以在上学前就了解坐在桌边努力学习意味着什么。

为此，我建议可以使用学前幼儿练习册。这类出版物如今数量繁多，设计得五花八门，配有入门练习、简单的算术题以及许多美丽的图片，可以练习上色。这样可以让小孩子有一本真正的练习册，让他引以为豪，终于有自己的家庭作业了——就像哥哥姐姐那样。

首先，我会先向年幼的孩子介绍这项任务。正如我们说过的，制订学习计划时需要跟大孩子共同完成。那么，对年幼的孩子也是如此："在接下来的15分钟里，你想做什么？啊，原来你想给这页纸上色啊，这主意太棒了——让我们开始吧！"然后你就打开计时器，当然，15分钟结束后，你可以看着孩子的作品说："你感觉自己画得怎么样？很轻松还是很困难？"

我们曾经向大孩子提出的这类思考建议也可以向弟弟妹妹们提出，而且也应该提出。俗话说得好："要想成巧匠，就得早练功"。

"让孩子顺其自然"

当我建议将上述教育方法用于弟弟妹妹时，经常会有人提出不同意见。有些人可能会质疑说："为什么非要从四五岁就开始让孩子上课呢？这也太早了吧！"

实际上，我特别支持这样一种观点，即在开始义务教育之前，孩子自己的愿望比什么都重要。至于我们让弟弟妹妹参与大孩子的作业时间，这与"学前班"毫无关系。

对我来说，更值得关注的问题是如何为孩子们创造一个安静的学习氛围，让他们能够专注于应该完成的任务，或者在理想情况下，专注于自己想要完成的任务。让孩子们坐下来只是达到目的的一种手段，是一种对所有人都有益无害的教育方法，前提是务必确保这一过程始终充满乐趣，不要给孩子施加压力（"现在开始做数学题！"），更不要一味"纠正"孩子："你就不能做对一次吗？"

简而言之，年幼的孩子应该享受自己的任务，将学习视为一件美好的事情，完全按照自己的方式快乐又自由地参与其中。

非常特别的礼物

如果不想让小孩子加入学习，或者什么教育方法都不起作用，那么我建议：为弟弟妹妹买一个漂亮的小盒子，然后装进很多特别的小礼物，例如一本特别漂亮的图画书，也就是小家伙们在"正常场合"得不到的那种——只能在这个"奇迹时间"才能拥有，于是这段时间对小孩子来说也是一种奇迹时间了。

为他们选出的工艺品套件或者其他具有特殊意义的小礼物也可以实现同样的效果，当然，前提是要避免孩子们平时就可以接触到。

此外，学习背景音乐列表（同样可以在我的网页上找到）对此应该也有所帮助。这种音乐可以营造出一种舒适而温馨的学习氛围，我始终觉得如果让特别小的孩子也能参与其中的话，那真是创造奇迹的时刻了。日托中心的教育工作者曾经向我讲述过类似的经历："这种背景音乐能让孩子们一下子变得安静起来，认真学上一个半小时。"要知道，在日托中心实现这一点可不是一件容易的事。因此，我建议：给音乐一个机会！

请务必认真对待

在做作业的"奇迹时间"里，学生不得中断思考或者分散注意力，同样，也不允许弟弟妹妹这样做。因为，正如我说过的，这是一个"奇迹时间"，所有人都必须遵守特定的规则。如果您能认真地介绍、强调并且以身作则遵守这些规则的话，我想即使是非常年幼的孩子也完全能理解这一点。

如果我们虽然尽到最大努力，但仍然不起作用，我建议可以采取下列方法：据我所知，有些父母会尽量让 3 岁的孩子在学习时间留在自己房间里听有声读物。还可以给他一件特别抢手的玩具，只允许他每天玩一个小时。如果小孩子不想一个人留在房间——对某些孩子来说也是完全可以理解的，那么可以建议他："坐到沙发上来，用耳机听点好听的。"

有时候，格外美味的并且需要吃上很长时间的零食也会有所帮助。当然，这里说的"很长时间"只是相对而言：因为小孩子一旦听到课间休息曲，很可能就会放下零食，和其他孩子一起玩耍、欢笑或者到屋外去了。

最后一招：电视

最后的解决方法在教学上价值不大，在使用过程中也可能造成波折，但无论如何都是有用处的权宜之计：让年幼的孩子看电视。这样做很可能导致兄弟姐妹之间发生冲突，因为对学生来说，看电视肯定比写作业更有吸引力。但是，当所有其他方法都未能奏效时，我们只能将电视作为最后的解决方法。这些都是为了确保和维护学习时间的严肃性。如果无法营造安静的学习氛围，孩子就无法专注，无法专注就不能学习。这将对大孩子甚至整个家庭都造成负面的影响，因此在我看来，看电视作为一种解决方法完全具有合理性。

还有一种备选方案：在学习时间，可以让其他人照顾年幼的孩子：奶奶、爷爷、叔叔、阿姨、值得信赖的邻居……当然，这一切都取决于您自己的人际关系网。通常可以让人帮忙照顾到您的伴侣下班回家，然后就可以接手了。这种情况通常发生在晚上。不过，无论如何，这肯定不是最理想的家庭作业时间，也许只适合个别家庭。值得提醒的是，年幼的孩子到了晚上很有可能早早上床睡觉了，于是终于可以实现安静的学习氛围。

需要找学习搭档吗

这里说的"学习搭档",通常是指同班同学的家长。也就是说,我会陪着我的大孩子以及我搭档的大孩子一起做家庭作业,与此同时,我的搭档陪着我们俩年幼的孩子一起学习,如果搭档家里没有年幼孩子的话,也可以让大孩子去她家学习。我真诚地建议大家可以尝试一下,主动联系其他家长协商。

这种"学习搭档"模式还有另一个优点:只要不是被照顾的孩子的父亲或母亲,外人监督起家庭作业要容易得多。我在上文中提出的一切建议,在实践中用于自己的孩子时,都比用于别人的孩子更难。因此我喜欢建议家长朋友们"交换孩子"完成家庭作业和开展学习:"我教您儿子数学,您教我女儿德语。"每个人都很满意,没有争吵,作业顺利完成,所有人都是赢家。您可能无法相信,很多家长纷纷告诉我,当他们终于建立起这样的系统时,他们是多么喜出望外。

新冠疫情期间,还有一种方法格外有效:让祖父母或叔叔通过视频电话跟孩子共同学习,讨论家庭作业。也许有人想:"这说起来容易做起来难!"没错。但是,另一种教育方式,即让孩子独自完成所有任务,可能会引发更大的烦恼:家里乱成一团,大人沮丧,孩子气馁,家庭作业没有完成,孩子在学校遇到麻烦……一切都糟透了。我知道,很多人对此持保留态度,但我更知道有多少父母已经战胜了这些质疑。

写作业与做练习的区别是什么

概括地说，作业就是老师布置的，需要写在作业本上的；而练习则是在家进行的，与家庭作业无关。当然，二者也可能出现重叠，比方说当老师将"练习新单词"布置为家庭作业时。

我发现做练习比家庭作业更有学习效果，只不过孩子们经常没有足够的时间。在我看来，这是督促孩子们学会独立高效学习的重要原因之一，这样才能攒出更多时间做练习。简而言之，做练习是对教学内容的强化培训。当孩子学过课本上的知识，但还没到运用自如的程度时，就可以开始练习了。对知识运用自如才是具备学习能力的关键环节。

例如乘法表，必须练得"滚瓜烂熟"——向后、向前、向上和向下背诵都准确无误。因为，如果你"仅仅"看懂了乘法表，但做题时仍然需要反复运算，那就跟不上数学学习的速度了。为此，我们必须像对待很多其他学习要点一样，额外加强练习，确保乘法表在心中牢记，今后随时都能以极快的速度运用自如。这样做的好处在于，再也用不着坐在桌边翻笔记本了。比方说，我可以在户外借助粉笔盒、一首歌和数学启蒙课更好地练习乘法表。

家长要帮孩子批改作业吗

很多家长都提出过这个问题。纠结之处在于，父母一旦这样做了，就经常会对孩子的作业感到失望，引发争吵。然而，与此同时，他们又非常希望防止错误在孩子的脑海中根深蒂固。

为此，我也问过小学老师，他们希望家长应该怎么做，大部分老师的回答都是："请家长不要修改作业！"因为老师希望根据孩子们的作业迅速了解具体的学习进度，以及找到需要重新调整的地方。因此我通常会建议孩子们，有疑问还是应该问老师。

关于这个问题，我经常听到一些家长提出反对意见，其实也不无道理："不过，如果我平静地跟孩子讨论作业中的错误，他应该可以学到很多东西，而不仅仅是在课堂上随声附和：'哦，原来这个错了，那好吧。'这种修改方式其实并没有让孩子真正明白，因为在学校根本不可能像在家里那样详细订正并探讨错误，通常只是用橡皮擦去错误，填上正确答案而已。"

还有很多家长对我说："有些老师其实根本就不批改作业！"这种现象也可以理解，毕竟没人能每天批改25个孩子的所有作业。因此我完全理解有些父母所说的："我宁愿自己帮孩子修改作业。"

因此，我建议家长朋友们在为孩子修改作业时，最好提前和老师说一下，然后在作业本内夹一张纸条，或者通过其他方式告诉老师，作业中有哪些内容对孩子来说是难点。毕竟，老师也同样希望找到作业中的错误，这样做对双方来说都是某种不错的妥协。但是，如果父母在修改作业时自己也犯了错误，从而给孩子带来困扰，那就必须格外谨慎了。

这种情况其实经常发生，因为学校每隔几年就会进行一些改革，例如修改减法的书面计算方法。从时间上以及从德国各州的情况来看，具体修改方式各不相同。其实在大多数时候，这早就不是家长们当初在学校学过的内容了。如果他们参与其中并告诉孩子，"不，这么做并不正确，我给你演示一遍正确的计算方法"，很可能会造成麻烦。一旦出现疑问，应该尽可能询问老师，或者仔细阅读课本来防止这种情况——最新的方法就在课本里。出于这个原因，很多老师在家长会上也会展示新方法的运作过程。但是，由于修改作业是一个非常重要的主题，我们将在第十章中进一步仔细探讨。

孩子在休息时能看电视吗

问得好。许多孩子都想在放学后或者在做作业的前后看电视——这样可以吗？

我完全理解在高强度工作后需要放松一下。我们成年人对此也非常清楚，在紧张忙碌一天后，早已筋疲力尽，于是就想:"我现在唯一能做的就是在电视前坐一会儿。"之所以形成这种心理,是因为电视或流媒体上的大量精彩节目确实令人上瘾——尤其是对孩子而言。

我从来不主张对媒体进行妖魔化,我只想指出,孩子在学校辛苦了一天后,真正需要的并不是电视。电视作为一种工具,实际上并不适合(自我)调节。这不是孩子重新稳住心神并恢复活力的理想方式。对成年人来说也是如此。

无论是对成年人还是对孩子来说,直接到户外呼吸一下新鲜空气,做些运动,都更有意义,也更有效果。

我的目标是让孩子们充分了解自己,让他们意识到:"啊哈,我现在总是感觉有些怪怪的,有点疲惫,心情不好,然后忽然又特别想看电视。可我知道,此时此刻看电视对头脑和心灵都没什么益处。我同样知道,这不是像家人们共度电影之夜那样的良性电视时间——在电影之夜,全家人可以坐在一起,共同享用爆米花。"另一方面,放学后看电视也属于一种补偿行为,只是出于不舒服才想到的。反过来,这正是成瘾开始的时候。这也适用于所有其他令人成瘾的物质,比方说,我和朋友一起喝酒,是因为我们开心地聚在一起,并且做了美食,还是因为我感觉不舒服,又无法摆脱造成这种不舒服的根源?

如果你在疲惫时把手机丢在一旁,到户外散步20分钟,或者跟朋友打个电话聊聊天,然后再收拾一下屋子,应该会感觉好很多——这种解压方式没人会否认。在此之后,每个人都会发现：现在我调整好了，又恢复了平静，我想再做点什么。

不看电视的另一个理由是，在真正完成学习之后，知识要点会继续在我们的潜意识中深化，如果我们此时打开电视，就破坏了这个重要的温习过程，因为电视图像将很快覆盖我们借助视觉刺激所学到的东西。因此，我的建议是，最好与孩子一起制定合理的调节方法，在学习任务完成后使用。每个孩子的方法各不相同，但看电视肯定不在其中。

当然，也不是说根本不让孩子看电视，只是不能将看电视作为某种调节方式，也不是在学习后直接看，最好应该跟孩子提前协商好，例如："在家里，我们可以在18点到19点之间看电视——如果你愿意的话。"

完成作业后再读点书？

关于这个话题，很多家长会说："可是我家孩子就是对阅读提不起兴趣。"

阅读能力究竟有多重要，几乎不用我多解释了。如果孩子能够认真阅读，学校的各门学科以及各项任务都会变得更容易。

但是，掌握阅读能力通常是一个乏味而艰苦的学习过程。原因在于，孩子需要读的东西与孩子自己感兴趣的东西之间存在着巨大鸿沟。例如，一年级学生已经会读"momo"和"lilo"——就是孩子学字母过程中的人造单词。但实际上，孩子对 momo 或 lilo 之类的并不感兴趣，而是对"精灵宝可梦"（Pokémon）感兴趣。几乎没有哪个孩子是出于阅读兴趣才认真读这些课文的。因此，我建议尽快摆脱这些入门级课文，因为这对培养孩子的阅读兴趣弊大于利。如果孩子可以将这些课文顺利读下来，那当然很值得高兴，但是，如果在这方面出现困难，我通常会采用有趣的激励方法改变这种无聊的阅读任务，同时向孩子们提供真正值得一读的阅读材料。这类材料应该足以真正激发孩子们的阅读兴趣。也许孩子在阅读过程中可能不认识所有单词，但是只要阅读内容让孩子产生了兴趣，他们就可以将那些不认识的单词视为一种挑战，并且对读懂全部内容更加兴致勃勃。

阅读的第一步：大声朗读

令人惊讶的是，孩子们在学习带有陌生字母和单词的课文时经常更认真，因为学习阅读时最重要的就是兴趣。我们应该鼓励孩子阅读带有陌生单词的文章，直到孩子具备的阅读能力足以读懂他感兴趣的文章。对于有些孩子来说，在三年级就已经具备这种水平了，有些则需要到五年级，甚至还有些孩子要到七年级。不幸的是，多达 20% 的孩子在整个学生时代都未能成功；尤其是那些出身于教育水平较低家庭的孩子，即使上了学，也经常会出现这种情况，最终往往会成为功能性文盲。

孩子越早能顺利阅读自己感兴趣的文章越好，越是推迟掌握这项技能，学习过程就越困难，因为青少年在成长过程中的兴趣会变得越来越复杂，阅读能力也会停滞不前——原因往往是阅读能力不足，因此对阅读提不起兴趣。

为此，家长应该从小学一年级起就重视培养孩子的阅读能力，并尽快缩小能力和兴趣之间的差距——这具有至关重要的意义。随着孩子对现有知识理解程度的提高，培养阅读能力也就更容易了：大声朗读是提高这种能力的第一步，也是最关键的一步，而且早在孩子的婴儿时期就是如此。

我建议父母应该大声朗读，以确保孩子每天至少独自阅读15分钟。为此，我曾经每天晚上为一个10岁的孩子大声朗读。根据我的经验，很多父母过早地结束了这种示范教育："孩子现在学会阅读了。那就让他自己去读吧！"实际上孩子远不能流利地阅读，即使那些书籍是他们感兴趣的。

例如，我会大声朗读《哈利·波特》系列作品，让孩子只读每章、每节或每段的一句话即可，然后再逐渐增加阅读数量，直到他一次能读完一整页。然后再由成年人接着朗读。就这样循序渐进，随着时间的推移，培养孩子独自阅读的能力。因此，我想再重复一遍：大声朗读吧，直到孩子自己也能读出来。

阅读的第二步：真正吸引人的阅读材料

如果孩子刚开始时不愿意认真阅读，那就应该找到真正吸引他的阅读材料，比方说让孩子在超市大声朗读购物清单，因为在这种场合正好需要有人读出这些内容，孩子也很容易觉得自己参与其中，并为自己通过这种方式帮助父母而感到自豪。

其他有价值的阅读材料包括：在等红灯时读一读广告海报，一起做饭时让孩子读食谱——儿童食谱就特别适合阅读。还可以读购买的新游戏或工艺品套件附带的各类说明书，尤其是其中还包括"专供儿童了解的信息"。此外，可以阅读的还包括祖母安装的WhatsApp软件（初学者需要调大手机字号）、叔叔们送给孩子的明信片，或者家庭地精[1]或其他神话人物的来信，其中还会告诉孩子某位家庭成员的奇闻趣事。（如果成人的手写体难以辨认的话，还可以用先进的明信片应用程序打印和发送数字式明信片。）

如果想让阅读材料更有趣，我推荐一款应用程序"ChatterPix"。安装这个程序之后，孩子可以用手机拍下照片，绒毛玩偶、家具、人都没问题。比方说为一把扶手椅拍照，然后在照片的任意位置画一张嘴，按下录音按钮，大声朗读几句话——然后椅子就会重复这些话。不难想象的是，孩子看到任何物体都会说话时，该有多开心。

如果让孩子录制一部广播剧，同样会玩得很开心。如今，借助手机的录音功能，录制这些内容又快又简单。想送一本图画书给4岁表弟作为礼物吗？我们还可以附赠一部广播剧，这

---

[1] 地精：原文为"Wichtel"，指在德国民间故事和奇幻文学中出现的一种小型妖怪或魔法生物，经常被制成小矮人雕像摆放在家中，有祈福平安如意的含义。

对小学生很有吸引力，可以让他们流利地阅读图中文字。其中的声音设置就像在播放真正的广播剧一样，特别吸引人。

看漫画

说起漫画，我必须为之加以辩护。漫画经常被毫无根据地贬低为"不算是真正的读物"。事实上，漫画非常适合用来学习阅读。孩子一开始只喜欢看漫画完全无可厚非，因为这是他们的至爱读物。甚至很多成年人长大之后也仍然喜欢看漫画，只要想想时下流行的图像小说就明白了。

除了德国版《米老鼠和唐老鸭》（*Lustiges Taschenbuch*）或者《阿斯泰利克斯历险记》（*Asterix & Obelix*）等经典作品，现在还有大量适合儿童的精彩漫画书。所以，如果您的孩子选择漫画作为阅读材料，其实是一件好事。不要让任何人左右自己的观点。

重要的是，应该将阅读设计成一种美好、舒心的仪式，比如晚上入睡前或周末早上起床时读书，也可以坐在沙发上边喝热可可边阅读。一定要让孩子明白：读书很美妙，我很期待！出于这个原因，如果提出"你必须再读十分钟课文"之类的要求，其实对孩子有害无益，因为这种压力很快就会消除阅读的乐趣。一旦阅读成为孩子必须完成的大量固定任务之一，孩子很快就会形成一种刻板印象："阅读真无聊！"而这正是我们无论如何都要防止出现的结果。

孩子阅读时出错了该怎么办？

当孩子尝试阅读时，无论是刚开始还是过一段时间，可能都会出现很多错误。如果家长每听到一个错误就加以提醒，是非常不妥的，因为这会让孩子感到沮丧。等孩子读完之后，最好让他用自己的话试着复述内容。这对培养他的阅读能力很有帮助，而不是一丝不苟地监督每个单词都要读准确。

即使需要纠正初学者，也应该尽量温和地提醒，同时确保尽可能避免打断阅读过程，例如，只需用手指点在被误读的单词下面，但什么都不要说，或者让孩子重新读一遍。事实证明，家长和孩子进行角色互换对此也很有效：家长大声慢速朗读课文，故意犯些小错误，然后让孩子在跟读时注意出现了哪些错误。

为了提高阅读兴趣，还可以使用很多小窍门。例如，为孩子朗读一本新书，然后故意在一个特别吸引人的章节嚷嚷说："真糟糕，我忘了开洗衣机。我马上就回来！"同时把书敞开放在桌子上，这时孩子通常会自己拿起书继续读。等你过五分钟再回来，就会发现孩子读得聚精会神。

没错，学习阅读确实比较累，也比较乏味。因此，身为成年人的我们应该成为阅读的榜样，不断鼓励孩子，提供阅读建议，并享受阅读的乐趣，关注阅读内容，而不是迂腐地指出阅读中的错误，或者急躁地要求孩子遵守固定的阅读流程："这本书必须继续读 10 分钟！"

"可我的孩子找不到任何感兴趣的阅读材料!"

每当我听到家长朋友们说出类似的话,我总是无奈地笑一笑,因为在当今世界层出不穷的海量文字中,实际上没有多少内容是孩子真正喜欢的。可以让孩子尝试阅读的东西确实少之又少。

因此,我建议家长应该经常陪孩子去附近的书店,尤其是公共图书馆,这点非常重要。如果在这些地方仍然找不到任何感兴趣的读物,也可以试试阅读杂志。我曾经有一个学生,根本不想读任何书,无论是课外书还是教科书。直到有一天,他无意中看到了《汽车画刊》(Auto BILD),于是他不再抵制阅读。他读得很投入,阅读能力很快突飞猛进。

同样妙趣横生又适合孩子阅读的还有那些背面带有简短文字的集换卡。当然,任何吸引孩子阅读的东西都很棒(前提是其内容必须适合儿童)。

最后,还有阅读应用程序。其实,在电子游戏里也经常附有很多阅读内容,看一眼就知道了。

顺便说一句,在我的照片墙个人页面上,可以看到一份推荐书单,这些书应该可以吸引那些最不爱读书的孩子阅读。我跟我的社区合作创建了这份书单,在这里能够找到适合孩子的阅读材料。

第十章

关于犯错的问题

错误就是机会

我们已经讨论过各类错误，以及如何尽量处理好不同思维模式造成的错误（参见第一章），我们还讨论过在家庭作业中可能出现的错误——特别是在学习阅读时（参见第九章），但是，由于纠错是一个非常重要的话题，我想在这里用一整章的篇幅讨论它。因为，与流行的观点相反，我认为错误是掌握学习方法的好机会。

当然，从直觉上讲，我们每个人都希望没有错误地完成家庭作业，没有错误地完成阅读，但我可以向您保证，如果您允许孩子犯错误，然后再用鼓励的方式和成长的视角纠正这些错误，孩子肯定会收获更多。因此，有一条规则应该牢记：如果孩子在完成某项任务时出现的错误为零，这只能说明这项任务对他来说太过简单。

当然，这么说可能有点夸张。当我陪孩子做了很长时间练习，终于有一天实现零错误率时，我当然也会非常高兴。其实，我想说的意思是，初次尝试就毫无错误的任务，肯定是过于容易了。

我深信，我们只有不断克服挑战才能成长，因此，应该欢迎错误，因为这表明我们已经完成了一些此前还做不到的事情。这很棒！实现这些也需要勇气。我参与了那些乍一看还不太理解的事情，它们可以让我成长。我的错误就证明了这一点。

在我看来，没有什么比害怕做错事更妨碍孩子学习了。我为每个面对错误都能保持平常心的孩子感到高兴，遇到这种情况，我总是对自己说："我们还有很多任务要完成，只要孩子敢于接受新的任务，一切就皆有可能，这特别适合让孩子从中学到新的经验。"

在这一点上，我们应该回想一下"成长型思维"和"固定型思维"之间的区别。我们这本书用这个话题作为开篇绝非出于偶然，因为这是学习和处理错误的最重要基础。

在固定型思维中，错误表明你"不能做某事"。但是，如果你具有成长型思维，错误只不过说明："酷！我发现了一个新挑战。我现在必须好好练一练了！"如果我希望孩子超越自己，尝试舒适区之外的事情，那是因为这个世界是如此浩瀚，如此丰富多彩，还有很多东西值得探索和学习，因此我们格外需要引入和培养一种积极的"错误文化"。为此我给出的附注是：不犯错误的人也不会有太多成就。

值得一提的是，每当划掉一个错误，我都会标注一个漂亮的校正符号。我首先会在错误旁边画一个小小的放大镜，让孩子再仔细查阅一遍——就像用放大镜一样。如果孩子找到了错误之处，并且成功改正——也有可能是在我的帮助下，我会在放大镜上画几笔阳光，形成一个阳光灿烂的太阳。

如果孩子的作业本上出现20个拼写错误，那么在改正之后就会有20个金灿灿的太阳对他微笑。由此可以发出一个明显的信号：错误并不是一件坏事，而是一个值得庆祝的理由。

跟标注错误的漂亮符号相似，表扬孩子正确的符号也是多姿多彩的：鲜花、对钩、小笑脸，还可以写上"哇""酷""写得真棒"等短语，或者写："做的真多啊！"

此外，精心选择修订颜色也很有益处。比方说，红色经常被视为负面信号的颜色。因此，我格外喜欢使用绿色或粉红色。当然，各种颜色都可以尝试。

让孩子不再害怕犯错的五句话

遗憾的是，很多孩子都害怕犯错。这并不奇怪，毕竟学校经常教育他们说，错误通常都是些坏事，老师也会用小哭脸符号或者糟糕的成绩来评价孩子。在这种教育背景下，与孩子共同实现积极的错误文化并不容易。尽管如此，我觉得还是值得尝试一下。下面有五个技巧可以帮助您。

1. 始终专注于已经被证明正确的事情："看看吧，完全没问题。"或者数一数正确答案的数量，然后告诉孩子："哇，十个任务中已经有八个正确了！"

2. 在这种情况下，写一条积极向上的附注："错误（fehler）是个好帮手（helfer）——所以这两个单词才由相同的6个字母组成。"你可以坚定地对孩子说："看，错误是个好帮手。我们真的可以从中学到很多东西。"

3. 或者可以做一个俏皮的小游戏："哎呀，可能少了一个h——等等，我马上就抓住它。应该把它放在哪儿呢？"（一旦这样做时，可以用手从空中抓住一个看不见的h。）有时我也会为此使用隐形动物，例如，假装有一只严厉的猫头鹰，然后飞到错误之处，坐在那里问字母h去哪儿了。

4. 专注努力学习，而不是结果："好多了！你付出了很多努力，这非常棒！我在这里发现3个错误。如果你逐字逐句地倒着读课文的话，我打赌你也会看到它们，难道不是吗？"这是一个很成熟的方法，适合查阅每个单词。当我们按顺序阅读时，眼睛经常会马上跳到下一个单词。如果倒着读课文，就可以避免这种跳读的问题。其中，我们无须过度关注内容，只需要逐一查看每个单词，这样更容易发现拼写错误。

5."我看到这处错误了,我想……应该再解释一遍吧。如果没有这个错误,也许就不会注意这一点。好吧,让我们重新练习一遍。"这样可以在纠正错误时找到孩子在理解上的问题。

孩子总是重复犯错怎么办

您的孩子是否在拼写单词时重复犯错,或者经常"忘记"在句子开头用大写字母?根据我的理论,可以这样分析:孩子不断重复同样的错误,唯一的原因就是他们没有从中吸取教训。为什么不吸取教训?因为错误对他们来说意味着恐惧和羞耻,并暗示着个人的失败。于是孩子甚至不想仔细观察错误,当然也就无法从中吸取教训了。错误每重复一次,这种恐惧和羞耻感都会增强,并且无法从中吸取教训。

如果您的孩子也充满这种恐惧和羞耻,最重要的一步就是将这两者从孩子心中彻底驱散。为此,我们必须通过庆祝发现错误开始鼓励孩子。例如,我有一个小橡皮擦,上面写着:"耶,发现一个错误!继续前进!"

比方说我见过一篇错误特别多的作业,其中标注了孩子出现的所有错误并进行了修订。孩子肯定非常沮丧,并很快形成一种印象:"我什么都做不了。"此外,一个孩子不可能同时从这么多错误中吸取教训。他们多数甚至连一个教训都记不住。

因此,最好提前设定修改的优先等级,目的并不是让一个四年级学生写出毫无错误的作业，而是让他真正理解某一类错误并从中学习。

以德语中的双辅音规则为例，可以为此设定一个学习重点，然后告诉孩子："在这篇课文中有六个不带双辅音的单词，你需要把它们找出来。然后我们再温习一遍规则，好吗？此外还需要抄写这六个单词，还可以将它们抄在自己的学习小卡片上。"

因此，对孩子经常犯的错误类型需要格外关注。无论如何，这比直接用红笔标出 40 处错误更有意义。在辅导过程中，我总是尽量密切关注孩子，确保在他目前愿意吸取教训的可承受范围内修正错误。重要的是，我们的态度以及跟孩子探讨错误的方式非常关键（可参见第一章）。因此，我建议家长主动在孩子面前庆祝自己犯的错误。例如，你精心准备的一道菜没做成功，那么不妨像演话剧一样向孩子展示你的处理态度："哦，天哪！真是太可惜了！我没做成。这确实花费了我一番心血。真令人莫名其妙啊。"首先展示给孩子的印象是，允许出现失望和负面情绪。

其次，尽量淡化错误的严重性："嗯，就这样吧，人人都会犯错误。我今天也不例外。"

最后，探寻出错的原因："也许是因为我分心了，同时想做太多事情。"或者："我应该重新仔细读读菜谱的各个步骤，我肯定能找到疏漏的地方。将来我在做饭前一定要多读几遍菜谱。其实这是件好事：如果没犯这个错误，我现在也不会吸取教训吧。"

如何看待很少犯错的孩子

这当然很不错！不过其中也隐藏着问题，因为这种状态不会永远保持下去。

的确，有些孩子在小学可以顺利完成每一项作业，从不犯错，甚至有些孩子到中学仍然能继续保持这一点，几乎所有任务都完成得很轻松，但最晚在上大学期间，他们将遇到真正的挑战——然后就有些危险了，因为这些"完美学生"中的很多人多年来已经不可避免地形成了一种严重的固定型思维模式："我非常聪明，因为我能完成所有任务，而且准确无误！"但是，一旦上大学之后忽然遇到困难，这种心态就会让他陷入深深的绝望，然后得出结论："我错了，我其实没那么聪明，这门专业不适合我，我根本学不会，只能放弃了！"（参见第一章）

不幸的是，我们经常遇到一些非常聪明却想退学的人：这并不是因为他们智力不足，而是因为他们从未学会正确处理错误和失败。因此，改变学校的教学方式至关重要，应该让所有孩子都学会如何面对真正的挑战。可惜，现在的学校仍然在注重学生的平均成绩，对有些孩子来说，这些要求已经超标，但是对另一些孩子来说，这些要求又远远不够。

特别是后者，这些孩子应该尽早面对真正的挑战，并体验到困难："犯错误是学习新事物时必不可少的。这完全可以接受，因为我什么都可以学。我需要的只是时间、练习以及出色的战略规划。"

为了应对校园之外的挑战，我建议让孩子学一种乐器（最好是让他们自己选一种）。

在学习乐器的过程中，孩子会体验到学习的极限，并积累经验："噢，原来没有我想象的那么容易。"同时，孩子还会犯很多错误，必须练习某些声音序列、音符和旋律上百次，甚至上千次，直到学会演奏乐器。

如果您的孩子对音乐根本就不感兴趣，那就练习某个激动人心的运动项目，应该可以产生同样的效果。

最重要的结果不是让孩子现在就会拉小提琴或完成侧手翻，而是让他具有终生学习的能力。如果某件事不成功，那也没什么，再试一次。

孩子总是追求完美怎么办

很多六七岁的孩子有一种天生的嗜好：任何事都想做得尽善尽美。这个习惯通常会随着年龄的增长而逐渐消失。然而，陪伴孩子朝着正确的方向前进仍然非常重要。这一问题不存在简单的解决方案，只能逐步适应。下面这些要点应该对此有所帮助。

第一，让父母的爱与学习成绩脱钩。很多家长回复我说："即使孩子成绩不理想，我也一点都不会抱怨！"我当时相信了他们，但是，当孩子带着好成绩回家时，父母经常会兴高采烈，而一旦孩子成绩不佳时父母没有流露出这种兴奋，孩子便很容易将其视为某种惩罚，并且逐渐认为父母对自己的感情取决于学习成绩。因此，对我来说，父母应该注重在不涉及学习成绩时——尤其是在孩子可能失败时——表现出对孩子的浓浓亲情。

第二，孩子经常不想让父母担心。他们可能会察觉父母中的一位心情不好，于是就想用好成绩让他们开心。对此，父母应该反复明确提醒孩子："我的问题不是你的问题。我是成年人了，完全可以照顾好自己。你尽情享受童年时代就行了，完全不用担心我。"

第三，可以用著名的事例指导孩子如何正确处理失败和错误。比方说，您也许还记得巴斯蒂安·施魏因斯泰格（Bastian Schweinsteiger）在2012年的欧冠决赛中罚失了关键的点球。您可以和孩子一起登录油管（YouTube）网站观看这段视频，然后共同思考：施魏因斯泰格在数以百万计的观众面前犯了这么大的错误，在那一刻他感受如何？他毕竟是专业运动员，所有人都那么信任他！失败之后他做了什么？有没有去找教练解释："我再也不踢足球了，现在就退役"？不，他没说，而是去洗澡了，他内心肯定充满焦虑，对自己充满失望，心情沮丧。但是几天后，他还是重返球场，继续接受训练。几年后，施魏因斯泰格的球队赢得了世界冠军，他个人作为最重要的足球运动员之一被载入德国足球史册。

  这样的故事还有很多。我将其收集在我的照片墙个人主页上，特别适合所有"小完美主义者"阅读哦。

第十一章

考试恐惧症

从紧张到恐慌

我们已经探讨了很多如何在家学习的话题，还探讨了如何在学习时正确地陪伴孩子。还有一个非常特殊的难题，它与实际学习完全无关，那就是"考试恐惧症"（Prüfungsangst）。对此，我们应该仔细分辨一下，因为在日常语言中，这个词有时会被随意使用。根据我的经验，考试恐惧症有很多不同程度的症状：从轻微的紧张到恐慌发作。在考试前出现适度的激动是完全正常的，甚至对考试有益处：它可以确保肾上腺素在体内释放，血液中的肾上腺素可以让人更专注。在大多数情况下，这样考试的结果甚至可以比我们在轻松状态下学习时预期的或者能做到的更好。

因此，如果一个孩子说自己害怕考试，家长首先应该对此坦然接受，甚至感到高兴，完全可以将恐惧视为有益的伙伴。家长应该向孩子解释："你有这种感觉是好事，完全正常。你现在可以利用这种恐惧。"对于这一点，我比较推崇一句格言："恐惧源于头脑，勇气也是如此。"还可以告诉孩子："试着让自己适应这种激动的心情。它可以帮助你更加集中精神，大脑可以更好地供应血液，你找到答案的速度也就更快！"

唯一需要记住的是，不要让这种恐惧压倒一切。然而不幸的是，有些孩子就出现了这种情况，其中的原因可能在于此前一系列糟糕的考试经历。但心理学意义上的真正恐惧还有很多原因，有时与具体考试完全无关，只是体现为考试恐惧症而已。例如，很多人从未有过与蜘蛛相关的糟糕经历，但仍然可能对蜘蛛产生极度的恐惧。

当恐惧到浑身发软时

如果一个人真的患上了严重的考试恐惧症，这意味着他已经无法克服其症状。恐惧很可能让人无法参加考试，这与是否具备相关知识、智力或者是否准备充分无关。

恐惧完全可能让人浑身发软，并导致人们常说的暂时昏厥，此前学过的一切知识似乎都被忘得一干二净。有过此类症状的当事人曾经描述过自己经历的典型症状：浑身发抖、手冷、心悸、胃疼、头晕、大量出汗、充满焦虑感……然后，他们再也无法专注在考试上了。

如果这种情况出现过多次，这些人就会陷入一个几乎令人厌恶的恐惧症恶性循环。因为一到这种时候，他们就会意识到："哦，恐惧症又发作了！"有时候，仅仅是想到可能出现的考试焦虑，也能产生恐惧，结果就会越来越害怕，更强烈地关注恐惧，于是就更加害怕……由此不断循环。在这种逐渐增大的情绪漩涡中，恐惧感会越来越强烈——经常会达到令人惊慌失措的程度，以至于有些患者不得不离开考场。

如果孩子患有如此严重的焦虑症，您不应该掉以轻心，或者将其视为找借口，甚至置之不理，而是应该尽快寻求专业帮助。因为这些恐惧症状会随着每次恐惧或考试经历逐步恶化，所以务必采取措施，越早越好。在这种情况下，非常有必要拜访儿童心理学家。正如我说过的，这可能涉及某种完全不同的心理问题，为此必须在关键问题上加以解决。

但是，如果孩子的考试恐惧症并不严重，有两条建议可以提供帮助。

第一，一定要将孩子的考试恐惧症情况如实告知相关教师，让他们及时关注孩子，并且在考试中通过鼓励的眼神和话语为孩子增强信心。这往往有所帮助。

第二，一定要让孩子记住，在出现考试恐惧症时，及时理清自己脑海中的思路至关重要。

恐惧时大脑中发生了什么

对很多孩子来说，考试恐惧症是一个谜团，因为在大多数时候，对考试感到焦虑的孩子甚至为考试做足了充分准备（试图通过充分准备来减少这种恐惧，但经常很难奏效），然而在考试时，他们一拿到试卷，读到第一道考题，脑海中就又开始感受到或者想象到即将袭来的恐惧。

如果他们没有马上想出第一道考题的答案，恐惧就开始爆发了。在头脑中的表达方式可能是这样的："哦，上帝，如果我做不出第一道题，那我什么都完不成！"或者："我会考6分！"或者："明明学过那么多，可一切都白学了！"甚至是："我父母会怎么说？"

对此，我们应该牢记，不要因为成绩向孩子施加任何压力，而是要让孩子明白，无论他的学习成绩如何，父母都会持之以恒地爱他、珍惜他，孩子的压力与恐惧就能大幅减轻。

为了向孩子解释恐惧时头脑中究竟发生了什么，我经常用一个雪花玻璃球打比方：这是一种水晶球玩具，只要一摇晃，球内就会"下雪"。当恐惧袭来时，人的大脑就像被摇晃的水晶球，人造雪花或者亮片肆意地漫天飞舞，让人再也看不清球。恐惧也是如此：当恐惧蔓延时，我再也不能清楚地思考，几乎变得盲目，于是就以为自己学过的一切知识都消失了。

然而，在现实中，一切知识在脑海中都仍然存在，只不过暂时看不到而已，因为恐惧在它周围飘荡。因此，我唯一必须做的就是耐心等待，让"水晶球"保持稳定，以便亮片或雪花慢慢降落，然后我又能看得清楚一切了——于是也就可以正常思考了。

但是，如果我完全陷入恐惧，被恐惧彻底占据头脑，思路一片混乱，就像为了阻止雪花降落一直摇晃水晶球，结果只会适得其反。因此，我们需要找到一种合适的方法，保持水晶球稳定，让自己的视野更清晰。有考试恐惧症的孩子可以参考以下方法。

战胜恐惧的诀窍

幸运的是，我们还可以通过深呼吸来控制恐惧感，前提条件是我们必须充分认识到自己已处于恐惧状态：虽然恐惧感已经存在，但现在对我来说还不构成真正的危险。让我们看一个相反的事例。人们会对历史上著名的剑齿虎充满恐惧，这种恐惧对于生存来说非常重要。它可以让人在危险情况下及时采取行动，因此是健康的恐惧感，可以用来救命。考试恐惧症则与此相反，既不健康，也不能救命。因此，我们很有必要及时调整这种特殊的恐惧感。

为此可以按照上文的描述向孩子解释他头脑中发生了什么，同时让他理性地看待考试时出现的恐惧，首先可以像对待朋友一样冷静处理，只不过这位朋友经常会有点吵闹和桀骜不驯，因此我们必须对其进行严格限制——最好通过各种呼吸技巧加以实现，例如478呼吸法：用鼻子吸气，在心中默数到4；然后停止吸气，屏住呼吸，在心中默数到7；最后用嘴缓缓呼气，同时心中默数到8。

赶快试试吧！就这样平静地呼吸三到四次。我经常会向孩子们展示这种呼吸法，让他们看着自己的手，用手指数数：4个手指用于吸气，7个手指屏住呼吸，8个手指用于呼气。

一开始可能比较有难度，因此尝试时可以快速默数。是否按秒计数并不重要，关键是要熟悉技巧。随着时间推移，很快就可以按秒进行呼吸。

家长一定要跟孩子共同练习这种呼吸法。这是生活的重要技巧。我建议首先在压力不大的正常情况下提前尝试。这样练习三到四个呼吸周期后，镇静效果就会产生，练习的频率和坚持的时间越长，效果就越明显。这是为什么呢？因为我们感到焦虑或者承受压力时，人体的交感神经系统——"压力神经"会格外活跃，通过屏住呼吸和慢慢呼气，我们可以让压力神经平静下来，并激活副交感神经系统。副交感神经系统可以让人体放松，在焦虑的情况下逐渐恢复冷静思考。

顺便说一句，这种呼吸法还可以有效帮助入睡。因此，在哄孩子睡觉时，也可以使用这种呼吸技巧。

一旦孩子掌握了这种技巧，就像在汪洋大海中获得一个救生圈，在紧急情况下可以牢牢抓住。有了安全保证，情绪就可以平静下来。关键在于，孩子应该在考试环境下进行长时间练习，这样才能真正有效。其中至少需要进行 12 次呼吸，或者每次进行 4 到 5 分钟。无须采取其他措施，只凭这种方法就可以让身体完全恢复平静。那么接下来呢？

考场小贴士

最理想的是，孩子在参加下次考试之前就已经掌握这些技巧，在每次做作业或者小测验时都能从容不迫地完成任务。只要孩子内心恢复平静，就很容易通读试卷，解答出自己可以解答的题目。

即使试卷上出现什么难题，孩子仍然可以保持平静，先看下一道可能比较容易的题。通常情况下，他们在完成第一项任务时就会发现："考试根本不像我想象的那么难。试卷难度根本不值得我那样恐惧。"这种心得体会有助于防止下次考试出现恐惧情绪。

上述自我调节方法可以事先练习，而且也必须练习。当然，如果孩子们在学校就可以做到这些，那就再好不过了。不过遗憾的是，现实并非都这么理想。但据我所知，如今有许多老师在考试前都会为整个班级的学生鼓劲，借此营造轻松的考试氛围。我的朋友尼娜·托勒（Nina Toller）是一位老师兼网络博主,她建议用三种"能量动作"实现这一点。

能量动作可以让人充满力量和信心

第一个能量动作需要我们这样做:双腿分开站立,绷紧臀部、大腿以及躯干的所有肌肉,将拳头放在腰部。最好现在就试一下,您会感受到仅凭这种动作就可以获得力量、信心和勇气。

这种动作还有一种变体:把一只拳头放在腰部,另一只胳膊向上伸展(就像超人起飞前的姿势)。

第三种动作则是向上伸展双臂,也就是人们所说的胜利姿势。即使此前没有赢得过什么比赛,这样做也会让人充满奋发向上的快乐。

在班级小测验前,尼娜·托勒会跟全班同学一起做这些动作。每个人都可以自己选择其中一种动作,然后进行几次深呼吸。同时,他们还会大声喊出鼓励性的口号,例如:"我准备好了!"大家一起用鼻子吸气,用嘴呼气,然后继续喊:"我知道我能做什么。我知道会发生什么。我一定能成功!"

其他有用的方法

其他教师——尤其是那些接受过"正念减压疗法"培训的教师,也通过简单的呼吸练习调节学生们的考试恐惧症。每个人在考试前都要坐在自己的位置上,闭上眼睛,专注于平静呼吸。长时间呼气非常关键，心态也会变得平静。还有一些教师允许学生使用备忘单，这也是对抗考试恐惧症的好方法，我们在本书的其他章节已经探讨过这一话题（参见第二章）。

同样可能有帮助的还包括以下方法：让孩子在自己的脑海中寻找一个安全的地方。在考试前很久，就让孩子为这个安全港想象出所有令人平静和安心的细节，并定期回忆，使其活灵活现。于是，孩子在脑海中创造了一个让自己感到舒心的地方，那里温暖、明媚、平静、美丽且安全，所有对他来说非常重要的并给予他力量的人都聚集在这里。例如，在这个地方可能有一棵树，上面挂着很多张纸条，上面记录了孩子学过的所有知识。有需要时，孩子可以轻松走到这棵树下，一张张阅读这些纸条，学过的知识唾手可得。"安全港"是一种让人受益无穷的心理图像，孩子可以在考试前练习呼吸时回忆起来。

小结：考试恐惧症是可以战胜的

无论孩子使用哪种方法来治愈自己对考试的过度焦虑，"水晶球中的雪花"都将落下来，孩子都会变得冷静，恢复清晰的思考。这样您就可以向孩子解释采用这些技巧后可以感受到的成功。解释和体验两者都很重要。

孩子选好自我调节的方法后，只有多次亲身体验、感受并思考由此获得的镇静效果，才能在最坏的情况出现时，仍然具有足够的信心恢复冷静。对孩子来说，克服恐惧的最佳方法应该是大量积累独立战胜恐惧的亲身经历。

总而言之，考试恐惧症并不是"伴随终生的疾病"，相反，这是一种可以通过正确的方法和反复的练习轻松控制的常见现象，适度的考试焦虑完全可以成为某种合理的备考利器——作为轻微的兴奋以及"起跑前的紧张"。

第十二章

考试与成绩

"化圆为方"

在本书中，我准备尝试一次"化圆为方"[1]式的挑战：我想告诉人们，即使在现有的学校体系内，孩子们仍然可以在学习中获得快乐与成功。我坚信，如果我们有一个不同的学校体系，也就是一个更尊重孩子、更符合最新科技水平的体系，那我在本书中讲述的大部分内容也就没有必要了。例如，如果学生能够在学校对自己所学的内容、时间安排和教学方式拥有发言权，也许就不需要这么多激励技巧了——因为共同参与决定、在个人能力范围内承担责任、实现自我价值以及发挥创造力本

---

[1] 原文为"Quadratur des Kreises"，是德语中的常见习语，比喻想完成一件几乎不可能的事情。这个短语来源于古希腊时期的尺规作图三大难题之一：求一正方形，其面积等于一已知圆的面积，但被证明是不可能的。

身就是重要的激励因素。孩子们希望在这些动机的激励下学习——对此我深信不疑,因为这来源于我的日常观察。

每当我看到成批入学的一年级小学生时,我都能体会到孩子们对尽快多学新知识的渴望之情。然而遗憾的是,在他们的校园时代,我们往往通过驯化磨平了这种好奇心、兴趣以及对知识的渴望——而且通常无一例外,我们日复一日地用他们不感兴趣的知识喂养他们。就像有人一再礼貌地向你要一杯水,而你却不停地给他倒苹果汁。口渴者的实际需要永远不会得到满足,直到有一天,他失去了对水的渴望。

现在有些学校已经开始采用不同的教学模式,他们允许学习者独立承担责任,例如积极引导学生自我调节学习进程。这意味着学校在每节课和每门科目中都将如何学习放在首位(参见第四章)。只要你看到这些学校的孩子们,就不难发现他们在学习知识上独立承担了那么多责任,充满了兴趣、动力和纪律性,确实令人刮目相看。因此,我对当今学校体系的主要批评之一是缺乏个人责任感,另外就是压倒一切的考试文化。

早已过时的考试文化

我们的考试文化早已过时,不再具有科学意义,然而它仍然像往常一样实践——仿佛这些分数仍具有客观意义,似乎看上去很可靠。重要的是,人们仍然将考试作为反馈孩子知识水平的风向标。

有趣的是，我们普遍认为体育和艺术方面的分数并不公平，因为孩子们的身高、体重或者身体发育状况都截然不同。如今，对这些身高、体重和发育程度不同的孩子，却要根据他们能跳多高或者能将球扔多远来评分，这确实有些荒谬！

艺术领域也是如此。当人们欣赏两幅同样充满创意的日落风景画时，可能会说："这两幅都不错，因为它们既赏心悦目，又表达出了孩子特有的创造力和想象力。"但是，老师却不得不"淘汰"其中一幅，因为它可能不符合某些形式上的要求；至于说什么是美——这种已经讨论了上千年的经典问题，根本就没人在意。

任何理解这种评分荒谬性的人都应该明白，其他科目同样存在这种荒谬性，因为孩子们在学习一门科目和课本材料时，也具有截然不同的先天条件、个人能力和行为方式。

但是，这些情况无人关注，现实中的所有教学工作都在围绕考试和成绩。运作模式是这样的：一群（大约26个）相同年龄段的孩子坐在一个房间里，26个孩子现在都必须使用相同的方法，学习相同的课本知识，无论这26人是否拥有不同的智力水平、不同的基本知识，甚至差异更大的日常行为习惯、个人爱好以及五花八门的学习习惯（参见第二章）。

就这样日复一日过了若干个星期，一直到考试之日，也许是星期二上午10点，这26个孩子都必须在人为创造的考试环境中复述这些天学到的知识。每个人的测试内容都相同，每个人的考试时间也相同。只有那些在规定时间内精确写出老师预期答案的孩子才能获得好成绩。

我不知道有谁会相信孩子可以通过这种学习方式适应生活。

在校园之外的职场领域，这种人工实验室式的培养环境及其令人质疑的技能几乎毫无意义。如果您向任何专业人士、经理人和科学家询问对当今职业生涯至关重要的技能是什么，您会听到诸如团队合作能力、技术能力、良好的沟通能力、创造力、解决问题的能力、以目标为导向的行动力、理解力、敏捷性、挫折容忍力、韧性等答案。

所有这些对工作和生活至关重要的技能，在现有的考试规则中不仅未能加以培养，甚至被驯化没了。例如，在学校环境中，我根本用不着成为团队合作者——尤其是在考试中，因为我只能一个人独自完成。归根结底，考场上也没人允许我跟身边的人合作——就像我在职业领域跟同事开展合作那样。至于在背诵答案方面，压根就不需要我有什么创造力。

如果我想不出公式或类似的知识点，又不被允许查找缺失的信息——就好像谷歌不存在一样，那么我的成绩就会很差，尽管我本来可以借助各种细枝末节的信息，轻松地在考试中完成这项知识转化任务。而这一切是多么荒谬，距离任何工作和日常现实是多么遥远！

优先级错误

其中最令人失望的，也许就是对美术等学科之外的创造力的忽视；学校的常规课程根本不需要这种能力。相反，考生的答案越接近老师的要求，老师们就越满意。学生们从中学到的是一条预定好的单一路径以及一个事先确定好的非常具体的解决方案。其他任何方案都不予考虑——因为在考试中也没有给出任何其他选择。这种类型的学习评估方式跟孩子们长大后面临的职业要求完全矛盾，后者指的是个人责任感、创造力、解决问题的能力、敏捷性。于是问题就产生了。

更令人担忧的是，这种类型的考试并非偶然进行。也许有些人对此可以容忍并认为："好吧，考试只是学校生活的一小部分！"不，恰恰相反，分数和考试是学校的全部！因为教学工作的每一分钟都在围绕这样一个目标：五星期内将有一次板上钉钉的考试。全体教师在每分钟授课过程中都务必确保让尽可能多的孩子在考试中取得好成绩。

反过来，如果某位老师发现孩子们在自己的时间里使用不同的方法分组学习或者自己独立学习，或者致力于自己选择的项目，并且认为这些孩子更明智——那么这位老师相当于发现了当前的学校体系中在教学理念和课程设置方面存在的巨大劣势。

然后，虽然这位模范教师会做出正确的选择，帮助这些孩子在生活中取得进步，但最终，她会因此受到训斥，因为这个教育体系唯一看重的就是全班学生在下次考试中的平均分。

试想一下：有多少宝贵的生命和教学时间都浪费在这种百弊丛生的考试上了？

在这一过程中——也许这才是最荒谬之处——坚持培养的却是孩子们在长大后的生活中根本不需要的技能：在短时间内接受尽可能多的课本知识，然后按照规定方式加以复述的能力。这种能力在现实生活中几乎毫无意义，除非有人打算一辈子上课，并且一辈子为考试而学习。

为了避免产生误解，我想这样解释：能够快速汲取大量知识并准确复述，其实并不是一项糟糕的技能，只是在我看来，这种技能的应用范围相对比较小，而上文提及的其他技能则可以用于相对更多的领域。然而遗憾的是，我们没有推动后者的培养，而是将整个学校系统都集中在培养前一项技能上——并且长达12或13年时间，而这项技能在校园之外并没有太多用武之地。

至于说对这项学习技能开展的评分体系，就更显得荒谬不堪了。

过于单一的评分标准

考试分数是对极其复杂的学习过程的一种简化的反馈，它的表现形式就已经让它的目的性一目了然：(在德国实行)用从1到6的数字作为评分等级。如此简单的数字能体现出什么呢？它无法为学生在特定阶段的个人学习过程提供任何指导。这样的数字评分完全是教条的、肤浅的和粗糙的。因此，这种评分标准几乎没多少帮助作用，可信度不高，更谈不上开创性。

实际上，作为一名教师，我的目标本应是为学生们提供个人学习过程的反馈结果。根据这种反馈结果，他们可以尽可能加以改进，并由此了解自己擅长哪些学科，还应该进一步学习什么，以及还能学什么、必须学什么。这应该成为学生们在上学期间改进学习所需的唯一有趣和有用的信息。

在我看来，我们也可以暂时采用目前的标准化评分系统，因为这确实以某种方式简化了学生录取名额的分配工作，但是，现有的这种简化方式是否合理，我觉得还有讨论的余地。值得讨论的话题还包括是否还有更合理的方法来分配录取名额。

不过，在这个实际意义很强的讨论中，核心问题仍然是：在整个学生时代，根本不需要用分数来简化这一分配过程。在孩子上八年级之前，其实并不需要用考试分数作为比较工具，这会对孩子造成很大的伤害。具体有哪些伤害，下文将详细探讨。

把学习之旅比作徒步旅行……

让我们将学生时代比作一次学习之旅,或者更生动点,一次途经检查站和阶段性目标的长途徒步旅行。但这种旅行对每个孩子来说都略有不同。这条路也许对某个孩子来说有些狭窄和崎岖不平,但对另一个孩子来说,可能在某些阶段就是一条宽阔的柏油路——也许在下个阶段又截然相反,因为每个孩子在各个阶段的体验分别取决于他们当天的状态、准备情况以及旅行装备,所以没有任何两次徒步旅行具有可比性。

我认为,学校应该侧重以最好的方式陪伴每个孩子完成各自的学习之旅。当然,也可以均匀分为几个阶段进行,或者至少尝试一下,但这离不开坚定的教育理念和认识,即并非所有孩子都必须在特定时间到达某个规定的检查站。

在孩子的学习过程中,教师经常向其提供反馈意见尤为重要:"你现在的学习进度已经到这儿了。在最近几天和几星期里,你已经完成了这么多。在这方面的学习内容还需要继续深化。"教师应该成为一位学习伴侣,帮助孩子在各自的学习之旅中取得进步。

但我们现在所做的完全相反:我们让一个由26个孩子组成的小组,步调一致地完成这段旅程。在这个过程中,我们既惩罚了那些原本可以跑得更快的学生,也惩罚了那些匆匆追赶团队而无法欣赏周围任何风景的学生。例如,即使一个孩子崴了脚，我们前进的步伐也根本不会停下来，仍然会继续跑。

在这 26 名小旅行者中，总会有些人比其他人走得更快，他们可能会提前到达检查站，仅仅是因为他们的步伐更快。但是，学校不允许他们这么快。他们不得不自觉地放慢脚步，有时甚至完全停下来等其他同学，因为在这个考试系统中，速度并不是必需的，他们也不会为此获得任何奖励。

于是，这样就相当于彻底消磨了速度最快的旅行者对旅行本身的乐趣与兴趣。我知道学校这么做也不是故意的，但这种理由并不能减少由此造成的伤害。这种后果在高于平均水平和低于平均水平的学生中都很明显（我在这里明确使用"平均水平"，而不是评分）。我们先来看看那些特别优秀的学生。

1 分的悲哀

现有的评分标准和考试制度对那些在学校成绩优秀的学生同样会造成伤害。我知道这么说似乎显得有些过分挑剔，但事实就是这样。

在每个班级——尤其是小学——都有一些学生经常得 1 分。但这种考试系统对他们造成的伤害非常严重，甚至可以毁掉他们的一生。

假设一个孩子经常得 1 分，并且让全班同学都印象深刻。但是，经常被人忽视的是，这个孩子从未受到过任何挑战。他们在学习时根本不需要走出自己的舒适区，对课本知识也并不投入，但他们仍然会不断获得表明他们做的一切都很"优秀"的反馈。事实上，如果一切任务都在其能力范围之内，那他肯定不是真的"优秀"。相反，这种学习方式相当"糟糕"，在某些时候还会不可避免地造成严重后果——当孩子必须为一个新的知识领域真正开始努力，才发现自己什么都不了解，也从未真正努力过（参见第一章或第十章）。

因此，对于这些孩子而言，如果他们能完成高难度的考试，并为此真正努力学习，冒险走出自己的舒适区，那将更加重要，也更有意义。他们可能会失败，但与此同时，他们会认识并体验到学习真正的意义。不幸的是，目前的考试系统似乎并没有给他们这个机会。

相反，这些孩子在刚上学的几年几乎取得了各种成功，因此就顺理成章地自我安慰说："学习就是在课堂上专心听讲，晚上再通读一遍而已，因此我的所有考试成绩都是1分！"其实，这只是一种幻觉，像肥皂泡一样随时会破裂，因为在此后的学年、中学、大学和职场生活中，他面临的知识将变得更为广博和复杂，以至于这种"学习方法"将不再有效。于是突然之间，这些曾经的"满分"学生无助地面对着堆积如山的材料，根本无法应对，因为他们还没有学会如何攀登一座具有挑战性的山峰。他们在学校没有遇到过这种挑战。学校没让他学习过生活所需的技能，因为学校始终如一设置了低标准的挑战。

结果，他们中的很多人开始怀疑自己、怀疑世界、怀疑自己的学业和职业。他们不得不认为："可能我并不像自己一直认为的那样聪明，就像每个人看到我得了1分时告诉我的那样。我几乎什么都不会。学校的老师肯定搞错了——因为我这也不会，那也不会。"由于这些想法（参见第一章的"固定型思维"），他们经常会在遇到具体挑战时失败——确实是完全不必要的失败。

因为在这种危急情况下，他们需要做的是像往常一样坐下来，认真研究眼前的复杂材料：一遍又一遍地阅读，直到真正理解它，然后反复温习，直到"倒背如流"。当然，在随后的实际应用中可能还会犯错误，那就再重复一遍——总有一天会克服困难，掌握这些材料。其实这是一个简单的过程，这才是真正的学习，但这对他们来说是非常陌生的。

所以，我并不想帮助一个几乎不怎么努力学习却成绩很好的孩子。

后进生该如何提高成绩

孩子们的学习速度各不相同，有些孩子比其他同学慢得多。在现有的学校和评分体系中，他们只能得到很差的成绩，因为他们在考试时尚未掌握课本知识。出于这个原因，他们的成绩通常很不理想——这并不因为他们是"差生"，虽然根据分数可能会得出这样的结论。这些孩子并不是差生，只是学习速度比较慢而已。

这在考试之后体现得很明显——这些孩子在考试后还没完全理解试卷上的考题。然而不幸的是，考试成绩已经宣告这段学习结束了，因为通常在考试之后，老师就开始讲新的章节。虽然并不是所有人都到达了检查站，但这支小小的徒步旅行团仍然在继续前进。

让我们以数学中的"分数"学习为例。如果某个孩子在第一次考试中取得了5分，这5分会快速、明确地向孩子传达一个信息："我不擅长学分数！这已经很清楚了！"此后，孩子在每次学分数时都会这样想——而他将在整个学生时代的数学课上用几百次分数。可以说，是第一次取得的5分成绩"蒙蔽"了他。

如果我们以一种完全不同的方式看待学习成果，我们就会发现，这个孩子在考试时可能已经初步掌握了简单的分数计算，并且还学会了扩大和缩小的运算，只有加法和乘法还不太熟练。这就是得5分的原因——但成绩并没有体现这一点，它遮掩了这部分真相。最重要的是，这个成绩无法告诉人们，如果在到达检查站之前给孩子足够的时间，他可以在两星期内完全学好分数运算。

当然，也有善解人意的老师会鼓励孩子说："你一定能做到！你只需要再努力一下就行了。"这些话完全是善意的，但成绩比老师的话更现实，孩子很快就会形成刻板印象："我学不会××。我就是不擅长××。"对此，德国教育网站 Superheldenkids 公司的联合创始人卡雷尔·米坎（Karel Mikan）的一句话出现在我脑海中："无论是否经过训练，你都不会太差。"

考试成绩会抑制学习动力

无论是满分学生还是后进生，一旦把学习重点放在评分上，随着时间的推移，内在的学习动力就会越来越受到抑制。

比约恩·诺尔特（Björn Nölte）在他的《没有考试成绩的学校》（Eine Schule ohne Noten）一书中描述了这一情况，并且以海豚为例做了巧妙的类比：海豚在野外畅游时经常跃出水面，也许是出于喜悦，或者出于生物学原因——谁知道呢。无论如何，这些跳跃对海豚来说完全正常，是一种自然的行为。

但是，如果将海豚关在游乐园的池子中，人们会训练海豚为节目跳跃。从这时起，海豚每次跳出水面都会得到一条鱼作为奖励。仅仅几星期后，它们就完全停止了自然的跳跃行为——只有给它们喂鱼时才愿意跳出来。通过评分系统，我们在学校里经历了完全相同的过程。

我们可以假设：有一个孩子在上学前特别喜欢听人讲故事，或者喜欢为某种手工爱好花费几个小时，而且非常投入。上学后，他开始知道有考试成绩这回事了。随着时间的流逝，只要孩子认为无法给自己带来好成绩，他就会放弃手工爱好或听故事的爱好。即使老师想出特别酷、特别吸引人的任务，孩子的第一个问题仍然是："我们能得到好成绩吗？"如果没有成绩，那么孩子参与这项任务的动机也就不复存在了，尽管任务本身可能很有趣。多可惜，这就是评分系统意外造成的副作用，一旦开始评分，肯定就会出现这些问题。

考试与成绩之外的备选项

那么，如何用新方法检查孩子们的学习进度呢？我的第一条建议是：让孩子自主决定什么时候进行考试。

我可以保证，包括所有中学生在内，任何智商正常的孩子（有明显学习障碍的孩子除外）都可以掌握从一年级到高中毕业的所有课本知识。为此，唯一需要做的就是给他们中的一部分人多一些时间。

为了检查学生是否学会了某些内容，我绝对赞成进行考试。但我的建议是，只有当孩子对这些内容有信心时，才让他参加这次考试。这可以为孩子们免除大部分考试焦虑和大量痛苦糟糕的学习经历，而这两者都会对学习过程造成极大的损害。

我的第二条建议是：让我们推广复试吧！

假设三年级的某次常识课期中考试的主题是"森林和树木",一个孩子在这次考试中得了 4 分(及格)。我们何必将这次平庸的成绩当作衡量标准呢?我们为什么不给孩子一个机会,让他们再次加深对森林的了解,并在复试中再次证明自己的知识水平呢?这不会伤害任何人。

当然,这需要额外的组织工作,但这并不是否定复试的理由。有些学校已经开始实践这种考试方式了,花费的成本并不算高。只需要一个有人监督的房间,让不同年级的学生不断进行各种考试。孩子在准备好接受测试的时候进入考场就行了,然后在考官的监督下完成试卷。这甚至不必修改整个学校系统,无论是为了复试本身,还是为了考试日的自由选择。

我们所要做的就是改变现有的教育理念,告别宽泛的考试方式:"你的考试成绩就是你的水平!"相反,我们应该更加确信,坐在教室的全体学生都有机会发挥出自己最好的水平——前提是让他们进行复试,或者自主选择考试的日期。

此外,如果不想浪费满分学生的时间,可以让他们在两星期后考一次,而其他孩子可能需要准备三到四个星期之后再考。如果满分学生判断失误,考试成绩比较糟糕,那么也可以再跟其他同学一起重新考。我们何必反对这种方法呢?

我的第三条建议是:我们可以采用"合格/不合格"的分类方式,而不是考试分数。

这种分类方式的出发点在于,牢记课本知识并不意味着完美无缺,同时还应该考虑到人类思维的创造性和多样性:孩子掌握了课本上的 ABC 之后,还应该学会如何应用。出类拔萃的学生应该获得奖励,无心之过也值得原谅。

"不合格"的意思仅代表"暂时没通过"。与传统的 5 分甚至 6 分相比,它向学生传达的信息是:"继续努力吧,早晚都会通过考试的!"

我的第四条建议是:用其他方法取代笔试。

有很多不同的方式都可以考核学生的学习成果,例如完成综合作业、分组作业、演讲、自创播客……可以通过这么多方法证明,孩子们已经学会应该学习的东西了。所有这些考核方式都比不断参加设定了一系列固定问题以及固定答案的传统考试要好得多。

改变对成绩的态度

虽然过去有人尝试过在小学取消年级的划分,并且有一所学校至少对一至四年级实行过这一政策,但目前的教育体系在这方面的改进非常缓慢。作为个人,我们无法改变整个考试制度,但是我们可以改变对成绩的态度。在日常教学中,除了密切观察学生之外,还可以改善一些细节,这不需要任何其他的成本。也许我们从今天就可以开始。

这要从我们如何与孩子谈论成绩开始。我建议应该以一种友好的、鼓励的方式与孩子谈话,例如:"你能想起自己在夏天是怎么学会骑自行车的吗?和你同龄的汤姆在春天就学会了。现在是秋天,你们已经一起骑车了——这有什么区别吗?没有吧?你们俩都可以做得很好,自行车都骑得很熟练。但现在假设一下,假如5月举行一次自行车比赛,汤姆可能会得到1分,你可能会得到6分。这种分数是不是毫无意义?这只是目前的评分方式而已。"

顺便说一句,关于这一点,很多教师都同意我的观点。我认识他们中的很多人,大家都感觉在批考卷以及给出评分时很犹豫,内心痛苦,因为他们知道:"我现在不得不再次给一个截至目前始终有学习动力的孩子很差的分数。"这些教师之所以感到痛苦,是因为他们确切地知道这种方式会导致孩子失去动力。他们耳闻目睹的是,这个孩子的学习方向是正确的——直到这个愚蠢的低分阻碍了他,摧毁了原本顺利的学习进度。

但是,在考试和评分制度没有重大变化的情况下,我们也可以改变看待考试成绩的态度(详见第三章)。我们无须抱怨孩子的成绩不理想,也不必对好成绩过分激动。当然,如果一个孩子带着好成绩回家,我们当然也会很开心,甚至喜形于色,当然还可以——而且也应该——跟孩子击掌庆贺:"太棒了!考得好!"当然一定要发自内心表达这一切。

但是,在庆贺之后,我会立即转向实质性问题:"你为哪个答案感到自豪?哪道题你感觉最难?你通过这次考试学到了什么？你现在会继续学什么？"

如果成绩不好的话，应该跟孩子说："没关系，你已经学会这么多了！"读完本书前面的章节后，你就会知道，即使孩子某一次考得不好，你也总能从中找到一些闪光点。然后应该尽快深化这些内容："你现在从中能学到什么？你想从哪里继续学？"

凭借这种态度和陪伴，我们至少可以缓解现有评分体系的某些负面后果。

小结：为什么应该废除成绩

无论是在家长会上还是在其他场合，如果您在阐述成绩为何荒谬时，需要扎实的论据，我将在下文列出七个最重要的论据。

1. 成绩并不公平

成绩从不参考孩子们在学习时的初始条件：每天的精神状态、社会经济背景、语言知识、父母的教育水平、家庭的支持情况、可能受过的创伤、心智是否成熟等。实际上，这些因素对孩子的自我认知非常重要，都会影响到各自的学习成绩。

2. 成绩提倡的是错误的比较

在我看来，根本就不需要将孩子在学习上的表现跟他人做比较——尤其是在上学的前八年。评估孩子的发展情况时，关键是应该跟若干星期前的学习水平做比较。

仅在一个随机组成的班级（无人参考其他班级）不断评估一个孩子是没有意义的：同一个孩子到了另一个班级，成绩有可能变得非常好或非常差。

比较经常有害无益，其结果无非取决于所选的对照组。成绩还导致孩子们热衷相互比较，却早已遗忘了上学的初衷。

我希望现在的教育系统能打开更多的门，而不是关上。应该让每个孩子都有机会获得最好的学习成果。

3. 好成绩让人傲慢

经常得满分的孩子通常认为自己比其他人都聪明（其实这只是在范围有限的班级内而言，参见上面的第 2 条）。总有一天，他们会发现自己不擅长做某事，于是就会放弃，因为他们从未学会以更大的努力来应对失败。还是那句话：如果一个孩子只获得过好成绩，这只能说明他在学校没有遇到过挑战而已，这种学习是在浪费时间。

4. 糟糕的成绩会打消动力

根据 1968 年德国联邦州教育部长会议做出的一项决议，

"如果一位学生的考试成绩不合格,甚至连基本知识都没有掌握,以至于在可预见的将来无法弥补,则需要给予6分"。我们应该如何看待这种主张?

"在可预见的将来"是什么意思?几天、几星期、几个月?我教过无数的孩子,他们可能在数学考试中得过6分,但是只需辅导几个小时后再进行相同的考试,就很容易得1分。

那么,谁还敢说一个孩子在"可预见的将来"会无法弥补自己的缺陷呢?

此外,还有一些老师仍然在实行可怕的算计:"我现在要给这个孩子很差的成绩,这样他就更有动力去学习了。"迄今为止,我从未见过一个这样的孩子。糟糕的成绩会让他们很容易失去学习动力。

5. 孩子们根本不想要成绩

孩子们想要的以及需要的是认可、反馈、欣赏和管理。他们需要差异化的反馈意见:我已经学会了什么?什么还没学?接下来我应该学什么?差异化是必要的、合理的、有益的——但成绩并不是。如今的孩子们在一个充满成绩和比较的环境中成长,以至于他们自己似乎也想要成绩。但通过其他国家和学校系统可以了解到,这其实只是社会化的培养结果。如果没有成绩的话,孩子们上学会更轻松,从学习中获得的乐趣也更多。

6. 孩子们只为成绩学习，而不再为自己

所有孩子都是与生俱来的热情的学习者，拥有内在的学习动力——包括在学校。一切新事物对他们来说都是令人兴奋的，必须立即尝试。在他们上学之前，他们已经通过这种方式学会了无数的技能：走路、吃饭、说话、骑自行车、社交……孩子们日复一日学过的数以千计的小本领经常被人忽视。其实，孩子们甚至在上学的第一天之前就已经掌握了大量的"学习材料"。这种天生的学习兴趣在人多嘴杂的学校被破坏了。这种情况是多种因素造成的，其中之一就是评分和考试系统。

7. 成绩是一种简单的快照

成绩只能体现孩子在特定时间、特定地点和特定主题中复述课本知识的能力，仅此而已。也许再过三天，孩子可能就会好得多，至于他的父母是否在考试前大声争吵，或者某些具有误导性的问题是否在措辞上有所不同，这些具体情况都无法在成绩中体现出来。但这些都是有趣的并且至关重要的问题，成绩应该为此给出答案。

第十三章

只有合作才能进步

话语的力量

在探讨"孩子如何成功学习"这一话题时，有一件事经常容易被人忽视：各种成年人——父母、继父母、祖父母、亲戚、邻居、辅导教师，尤其是学校的老师——之间的合作。或者简而言之：所有影响孩子学习过程的成年人。他们中的每个人都有可能成为或者将来会成为孩子经常提及的人："如果我当时没遇到某某，我就不会成功，那我就不会成为今天的我了。"

这种左右青少年学习过程的巨大影响力，以及相应的重要责任，值得我们始终牢记在心。然而不幸的是，很多青少年经常会被某些成年人不经意的一句话打击，在精神上产生严重负担，这种影响有时甚至会持续很多年。另一方面，激励性的话语可以帮助青少年成长，甚至使其受益终身，它可以指导教育进程，调整人生决定。我想从我自己的人生历程中举一个例子。我在 15 岁那年进入一所由耶稣会士开办的寄宿学校，不得不补学四年的拉丁语课，因为在此之前我一直在一所使用现代德语的文理高中就读。但是，由于当年只能拿一点助学金和很少的生活费，我根本负担不起拉丁语辅导的费用。不过，当时的寄宿学校校长对我说："我们可以帮你。你的其他科目都非常出色，因此我们可以这样安排：你在校内辅导低年级的孩子，我们组织拉丁语老师辅导你的拉丁语。"于是，虽然过去从未想过，但我一夜之间就成了一名辅导教师。

一开始，我完全不知道应该做些什么。所以，我至今仍然为我辅导的第一个学生伊丽莎白感到难过，我记得我坐在她的身边，睁大眼睛盯着她的五年级数学课本，脑子里一片空白。刚开始，我们俩都不清楚应该怎么学，但我们都挺过来了。我竭尽所能向她解释这些课本知识。在接下来的数学考试中，她的成绩从 5 分提高到了 2 分。

凭借这次辅导成果，我在校园里声名鹊起。从那时起，我再也没能摆脱为人辅导的求助了。因为我自己还是一名学生，而且只有 15 岁，时间确实很有限，于是我考虑再三，觉得自己更应该同时辅导几个孩子。我很快就发现，他们中的大多数人都缺少练习，大家完全可以一起练习。于是我创办了我的第一所小型补习学校。

没过多久，我又聘用了其他"教师"。仅仅一年后，所有五至八年级的学生都参加了我们提供的学习辅导；我们也正式成为寄宿学校的官方辅导服务机构。对我来说，这个机构更像是一个有趣的游戏空间，我可以尝试自己设想过的一切创意：我们用莫扎特的音乐作为学习的背景音乐，一边做运动和注意力小游戏，一边做数学题，然后就是练习，练习，再练习。现在回想起那段时光，我真不敢相信学校领导竟然允许这一切创意。很显然，他们对我特别信任。

就这样，岁月流逝，直到高中毕业，我一直是"辅导教师卡罗琳"，并没有想太多。我在所处的优越环境中，憧憬着美好的未来，认为自己将来一定能赚很多钱——一定能成为麦肯锡的企业管理顾问。在今天看来，这个想法十分可笑：这种职业是多么不适合我的个性。

在我即将高中毕业的一天，我在走廊遇到了校长。他对我说："如果你今后不从事教育工作，那可真是巨大的损失。"我记得我礼貌地点了点头，有点郁闷地走开了，还向朋友抱怨说他这话可真蠢，竟然认为我不能干别的。我当时真是心烦意乱，所有 18 岁青少年特有的那种心烦意乱。

高中毕业后，我开始在慕尼黑的一所高校学习哲学，并再次通过当辅导教师获得收入。但我想：这只是我的消遣和收入来源，并不是我一辈子的职业。毕竟，我注定要做更伟大的事情。

过了几年，我经历了一场严重的个人危机，我开始怀疑一切，还有点抑郁了。在这段时间里，发生了两件事。第一件是我的姐姐让我辅导她儿子学英语。虽然对此毫无兴趣，但为了姐姐和外甥，我也就勉强帮忙了。在给外甥辅导了两个小时英语后，我突然感觉自己的心情比前几个星期好多了。这时我才意识到，教师这个职业不仅特别适合我，而且我的灵魂也需要它。

第二件事是我的印度旅行。和很多20岁出头的年轻探索者一样，我也用这种传统的方式思考自己的人生究竟应该做些什么。

当我在漫长的长途旅行中向窗外望去时，我突然想起当年校长的那句话："如果你今后不从事教育工作，那可真是巨大的损失。"突然间，我感觉这句话非常有道理，我意识到校长当时是真正了解我的。在他看来，一个15岁的孩子能够为整个低年级的孩子们创办补习学校，很明显是天赋异禀的。

鉴于这种迟到的领悟，我开始踏上这条教辅之路。回德国后，我开始采用一种非常轻松的方式教学。我组织了"高中毕业"数学预备营，并尝试在各种环境中与青少年一起学习。几年后，我到"德国教学第一"协会应聘，在柏林一个贫困区学校工作了两年。在那之后，当我在沙发上为自己的第一个宝宝喂母乳时，我开始在照片墙上分享自己如何与孩子们一起学习的经验——于是就有了您现在手里拿着的这本书。我坚信，我之所以走上这条路，是因为当年那位校长一句睿智的话。这让我们回到了本章的开头：你的某一句话可能对孩子产生深远的影响。那些大部分时间都与孩子共同度过的人，对孩子的影响可能都不如这句话深刻。

家长与老师需要携手合作

关于帮助孩子，有一个重要的方面还没开始探讨，那就是教师和家长之间的合作（为行文简便，这里的"家长"代指所有在家庭生活中与孩子合作的成年人）。

遗憾的是，这些不同"阵营"之间通常并没有开展合作，而是在相互对抗。其实这几乎是你能对孩子做的最有害的事情。没有什么比父母在家里偷偷攻击老师更令人沮丧的了。无论如何，这将导致这个孩子不再尊重自己的老师，并且几乎不会向老师请教问题。不管怎么说，这样做的最大输家都是孩子。

我当然完全理解，有些极难相处的老师理应受到批评，并被认为有些愚蠢。但是，请务必记住我的忠告：永远不要在自己的孩子面前说这句话。最好通过家长代表、班主任与相关老师直接对话，在最坏的情况下甚至可以通过学校管理层施加影响，但请不要在孩子面前骂骂咧咧。此外，在与其他家长或同学交谈时也应该格外谨慎，孩子们经常会无意中听到这些话。

天使螺旋

家长和老师建立起良好的关系，对孩子非常有益。这会对教师的工作以及孩子的学习产生巨大影响。请允许我在此介绍一下"天使螺旋"。这是什么意思呢？实际上，这就是"恶性循环"的反义词。

天使螺旋是这样运作的：赞美会带给对方一种受到尊重的感觉，这种感觉会激发更多的学习动力，而更多的动力则会带来更好的表现，从而让孩子赢得更多的赞美——以此类推。这就是天使螺旋。

这种良性循环适用于所有人和所有环境，尤其适用于教师。他们中的大多数人其实默默付出了很多努力，但并没有为此获得任何经济补偿。令人遗憾的是，高度敬业的教师在学校的收入也不是特别高，更谈不上拥有特别高的地位了。在现实中，他们经常把自己的钱花在班级上，甚至被一些同事嘲笑。例如，有的老师多年来始终尽职尽责地完成出色的教学工作，却没有获得与之对应的赞誉。现在，无论孩子的老师是何种类型，您作为家长都有机会参与这一良性循环。为此，只需要以完全日常化的沟通方式表达对老师的欣赏就行了，比方说："我想告诉您，我女儿的地理笔记本给我留下了深刻的印象。您制作的作业词条非常出色。因此我想，词条制作得如此精美，您的板书一定也很用心。"

或者:"沃什玛今天告诉我,您讲课总是很有趣。她非常喜欢。谢谢您的循循善诱。"

或者:"我看了今天的课堂测试,您教给孩子们的丰富知识让我印象非常深刻。我的孩子向您学到了很多东西。"

或者:"我不知道最近上课怎么样,但卡拉每天回家总是非常乐观开朗,您一定教得非常棒!"

这些例子表明,赞美可以从多种多样的角度表达。即使老师的教学可能存在问题,我也衷心地建议您多看好的一面。您可以通过赞誉来巩固好的一面,因为如果这位老师感到自己被家长欣赏,他可能会在接下来的教学中做出更大努力。如果您继续对此表示欣赏,我们就可以形成"天使螺旋"了。为了实现这个目标,我的网站上有相关的免费表格,也就是小表扬卡,您可以自己打印并填写。

当然,我也能想象得出,您心目中肯定有某些老师是您根本不想赞美的。我只能说,即便如此,这些老师也仍然值得表扬一下,因为他们选择成为教育工作者,毕竟也是由于他们想教孩子们一些东西,并且真心实意想培养孩子们。不幸的是,由于我们教育系统中的许多错误,他们中有太多人已经失去了这种动力。您不妨再次唤醒他们。

设想一下,您孩子的德语老师如果每天读到上述信息会怎么样,或者生物老师看到评价自己上一节课的三条积极反馈会怎么样。这些信息肯定会产生积极的影响,因为获得欣赏而备感自信的老师在工作中会更有动力，讲课效果也更好。

所以我的建议是，最好与其他家长共同发起一个赞赏性的倡议——这样就不必担心您个人的欣赏会被误会成"献媚"。家长参与得越多——尤其是让孩子们也参与，这方面的关系就会越快得以改善，老师们也就会做得更好。

小结：趁阳光明媚时修屋顶

总而言之，家长和老师之间的关系非常重要，但经常被人低估。有句谚语说得好："你应该趁阳光明媚时修屋顶，而不是到下雨时才想起来。"从这个意义上讲，我只能建议"趁阳光明媚时"——只要没有什么大问题——就应该与老师建立友好和欣赏的关系，并确保出现尽可能多的"阳光"。

这种友好关系的基础非常有利于在孩子上高年级时与老师开展涉及敏感问题的谈话。如果没有这种良性基础，双方在这种谈话中往往会发生激烈争论，最终您的孩子肯定会因此受到伤害。请牢记这一点：在师生关系上树立一个好榜样，尽量始终保持礼貌、友好、充满敬意和善解人意，积极欣赏老师们的辛勤工作吧，您会惊讶于这对孩子产生的积极影响。

致 谢

本书是我在第二次怀孕期间写出的，这给我的健康带来了巨大挑战。一开始我差点想彻底放弃写下去，因为我真是一点力气都没有了，甚至于在写作期间，不得不停下来休息几星期。

事实上，本书能够到您的手上，应该主要归功于我在Rowohlt出版公司出色的编辑Julia Vorrath。她从一开始就非常相信我，总是最大限度地理解我，对我的健康也特别关心，为此还推迟了交稿日期，适应我的工作方式。有赖她的宽容和鼓励，我才最终写出本书。

此外，还要感谢我优秀的同事Michaela Bothe，她能完成一切我不擅长的工作，每当我判断失误时，她总是支持我并帮我摆脱困境。谢谢你当年如此坚定地帮助我。

我还要感谢我的助产士Sissi Rasche，没有她细致入微的照顾，以及医生和治疗师提供的网络服务，我就不会成功怀孕，也就无法写成本书。

我还想特别感谢我的丈夫 Hendrik，如果没有他，我早就放弃了"与卡罗琳一起学习"（Learn Learning with Caroline）网站项目。你从最开始就相信我，每天晚上，当我的帖子只有 13 个赞时，你就开始为我转发。谢谢你在我软弱的时候如此坚强。我很高兴我们能够共度一生。

最后，我还要特别感谢我的网站 @learnlearning.withcaroline 的读者。没有你们的支持，我的工作根本就无法开展下去。你们的反馈意见、可爱的评论、绝妙的主意以及大量问题帮助我每天不断改进。谢谢你们让自己的孩子在我的网站学习，并且勇于对学校和学习进行全面反思。

关于"成长型思维"的相关研究

在第一章里,我提到过卡罗尔·德韦克的研究。这位女科学家在一系列著作中研究了儿童在成长型思维或固定型思维方面的学习行为和表现。在第一次研究中,她想观察孩子们如何应对挑战和艰巨的任务。为此,她向测试对象——一群10岁的学生——布置了若干任务,其完成难度偏高。有些孩子的反应出奇地积极热情,并对挑战备感兴奋。他们已经意识到,这些艰巨的任务将帮助自己提高能力并学习新事物——他们都拥有成长型思维。

然而,对其他孩子来说,测试的经历及其结果都近乎毁灭性。在他们看来,自己的智力受到了考验,而他们失败了。这其实只是他们自己的感觉,而这正是典型的固定型思维的心态。

在下一测试环节,卡罗尔·德韦克探讨了固定型思维的孩子如何处理失败以及他们在接下来的测试条件下可能出现的行为。她发现,一旦在此前的测试中失败,他们中的很多人就更有可能作弊或者以某种方式撒谎,而不是多学习(Blackwell, Trzesniewski & Dweck, 2007)。

在另一项研究中,这些孩子说他们会找一个做得更差的人,由此获得心理平衡(Nussbaum & Dweck, 2008)。

还有大量其他研究表明,固定型思维的孩子面对挑战和困难经常会选择逃避(Hong, Chiu, Dweck, Lin & Wan,1999; Moser et al., 2011; Mueller & Dweck, 1998; Nussbaum & Dweck, 2008)。

此外,当学生犯了某个错误时,科学家可以测量到大脑的脑电波活动(Moser, Schröder, Heeter, Lee & Moran, 2011)。但是,在固定型思维的孩子身上,几乎没有类似的任何脑电波活动;他们的大脑对错误只有很微弱的反应。相比之下,具有成长型思维的孩子的大脑则表现出很多活动。可以说,它正在为处理错误全速运行,并且从中吸取教训和纠正错误。

在寻找摆脱固定型思维的方法时,卡罗尔·德韦克还进行了一项研究:检查学生的思维模式,以及如何让他们的整体表现朝着正确的方向发展。她首先把重点放在赞美方面。众多研究表明,表扬孩子努力、有毅力、有专注力以及有所进步(而不是表扬智力、天赋和成果),能让他们对学习的态度发生明显变化,孩子的抗压能力会变得更强(Mueller & Dweck,

1998; Kamins & Dweck, 1999; Cimpian et al., 2007; Gunderson et al., 2013)。

卡罗尔·德韦克在另一项研究（O'Rourke, Haimowitz, Ballweber, Dweck & Popovic, 2014）中采用了这一发现，为此还开发出一款在线数学游戏。与以往的其他游戏不同，科学家们没有将奖励系统集中在计算结果上，而是奖励孩子的进步、努力以及使用的策略。结果，孩子们付出了更多的努力，制定了更多的策略，从平均水平看，花在这款游戏上的时间也更长了。此外，他们在面对高难度任务时还能表现出更强的毅力。

借助这种方式影响学生的思维模式，通过培养他们的成长型思维，让他们实现更好的整体表现。在其中一项研究中，由卡罗尔·德韦克领导的科学家们已经证明，当孩子们努力摆脱舒适区、学习新事物并了解自己的困境时，大脑的神经元就会建立新的和更强大的连接。随着时间的流逝，原本表现不佳的孩子在接受成长型思维模式的培训之后，整体表现有了很大的进步；相比之下，没有接受任何培训的对照组孩子的成绩则越来越差（Blackwell, Trzesniewski & Dweck, 2007）。

研究资料概览：

Blackwell, L. S., Trzesniewski, K. H., & Dweck, C. S.: Implicit

Theories of Intelligence Predict Achievement across an Adolescent Transition: A Longitudinal Study and an Intervention.Child Development, 78, S. 246–263 (2007).

Cimpian, A., Arce, H. M. C., Markman, E. M., & Dweck, C. S.: Subtle linguistic cues affect children's motivation. Psychological Science, 18, S. 314–316 (2007).

Gunderson et al.: Parent Praise to 1- to 3-Year-Olds Predicts Children's Motivational Frameworks 5 Years Later. Child Development, 84, S. 1526–1541 (2013).

Hong, Y., Chiu, C., Dweck, C. S., Lin, D. M. S., & Wan, W.: Implicit Theories, Attributions, and Coping: A Meaning System Approach. Journal of Personality and Social Psychology, 77 (3), S. 588–599 (1999).

Kamins, M. L., & Dweck, C. S.: Person versus process praise and criticism: Implications for contingent self-worth and coping. Developmental Psychology, 35 (3), S. 835–884 (1999).

Mueller, C. M., Dweck, C. S.: Praise for intelligence can undermine children's motivation and performance. Journal of Personality and Social Psychology, 75 (1), S. 33–52 (1998).

Moser, J. S., Schroder, H. S., Heeter, C., Moran, T. P., Lee, Y. H.: Mind your errors: Evidence for a neural mechanism linking growth mind-set to adaptive posterror adjustments. Psychological Science, 22

(12), S. 1484–1489 (2011).

Nussbaum, A. D., Dweck, C. S.: Defensiveness Versus Remediation: Self-Theories and Modes of Self-Esteem Maintenance. Personality and Social Psychology Bulletin, 31, S. 232–242 (2008).

O'Rourke, E., Haimovitz, K., Ballweber, C., Dweck, C. S. & Popovic, Z.: Brain Points: A Growth Mindset Incentive Structure Boosts Persistence in an Educational Game. In Proceedings of the SIGCHI Conference on Human Factors in Computing Systems (2014), 可查阅的相关网站：academia.edu。